Chi ti ha insegnato a vendere?

"Non puoi semplicemente chiedere ai tuoi clienti che ti dicano ciò che vogliono e cercare di accontentarli. Quando lo farai, ti chiederanno sempre qualcosa di diverso".

(Steve Jobs)

Sommario

Chi ti ha insegnato a vendere? 1

1. La legge di attrazione 5
1.1 La legge più potente dell'Universo. 5
1.2 Il potere della mente. 6

2. Il potere della Convinzione 11
2.1 Crea il tuo stile, passo dopo passo. 11
2.2 Per non dimenticare. 12
2.3 Per non sbagliare più modo e momento. 15
2.4 Se pronuncio una parola sbagliata. 17
2.5 Per crescere è necessario studiare. 18
2.6 La mente è la tua più grande alleata. 19

3. La PAROLA 23
3.1 Le belle parole da usare. 23
3.2 Dai, giochiamo un pò. 24
3.3 Le parole dalla faccia pulita. 26
3.4 Non sporchiamoci le mani! 27
3.5 Quando un cliente non è interessato. 28
3.6 Alcuni esempi di frasi inutili da usare. 32
3.7 Il venditore samaritano. 35
3.8 Il venditore inseguitore. 37

4. Le BASI DELLA PNL 43
4.1 Il Cuore della Programmazione Neuro Linguistica. 43
4.2 Il cambiamento è fattibile. 53
4.3 Breve accenno storico sulla nascita della PNL. 57
4.4 Bandler, un po' di life coaching non guasta. 63
4.5 Aforismi di Bandler, e molto di più. 66

5. Le 22 immutabili leggi del Marketing 88
5.1 Il Marketing del Cacciatore ed il Marketing dell'attrazione. 88
5.2 Alcune definizioni di Marketing. 93
5.2 Le 22 immutabili leggi del Marketing. 100

6. LE PAROLE GIUSTE PER VENDERE (PARTE 1) 115
6.1 Ricorda che...! 115

1. La legge di attrazione

"Non esistono magie o trucchi in grado di portarti al successo immediato. Il successo si ottiene col tempo, con energia e tanta determinazione".

(Darren Rowse)

1.1 La legge più potente dell'Universo.

Prima di puntare dritti al cuore del nostro discorso incentrato sulla Programmazione Neuro Linguistica e comprenderne alcune delle tecniche finalizzate al Marketing, nello specifico alle vendite professionali, *devo ricordarti che esiste una legge di attrazione.*

Devo farlo non solo perchè la mia moralità me lo impone ma perchè è bene che tu capisca che, questa legge, *è la legge più potente dell'Universo.*

Non voglio spaventarti e farti credere che dopo la lettura di questo libro acquisirai uno strano potere magico o soprannaturale che ti consentirà di attrarre ogni potenziale cliente che desiderai.

No. *Voglio solamente farti sapere che, se prenderai per buono l'esistenza di questa legge ed inizierai ad assecondarla, allora tutto cambierà radicalmente ed inizierai ad ottenere eccellenti risultati sia nella vita lavorativa che privata.* E ti ripeto, non parlo di magie o di esperienze mistiche e sovrannaturali (se poi ci credi, il discorso è differente ma io, a quel punto, non entro in gioco).

Ora, ti starai sicuramente domandando a quale tipo di attrazione io stia facendo riferimento (attrazione mentale? Fisica? E così via, senza citarne un elenco infinito...). Ed è giusto che tu te lo chieda. Per questo ti risponderò cercando di esprimermi con la massima chiarezza possibile.

Mi riferisco, dunque, in questo momento, a qualcosa di ben più complesso, mi riferisco all'attrazione nel senso più ampio del termine, ovvero alla *pura capacità di attirare nelle nostre vite qualunque cosa desideriamo, qualunque cosa verso la quale rivolgiamo le nostre (piene) energie.*

La legge dell'attrazione ha di straordinario, infatti, il potere di *creare la nostra realtà* in ogni singolo momento, di modellarla, di migliorarla, di potenziarla giorno dopo giorno, attimo dopo attimo, istante dopo istante; per questo *è importante imparare a sfruttare il grande potere della mente per trasformare i nostri pensieri in realtà*, per applicare quelle strategie comunicative, (nel caso specifico, in questo libro, ci riferiamo a tutte quelle strategie comunicative inerenti alla vendita, che adotteremo grazie alla conoscenza della Programmazione Neuro Linguistica), regole utili ad attrarre verso di noi quanti più clienti possibili.

Devo ricordarti che esiste una legge di attrazione e che è la legge più potente dell'Universo.

1.2 Il potere della mente.

L'attrazione è la pura capacità di attirare nelle nostre vite qualunque cosa desideriamo, qualunque cosa verso la quale rivolgiamo le nostre energie.

La nostra mente è la nostra più grande alleata: nel lavoro, come nella vita privata, avere una mente lucida, in stabile equilibrio, ti permette di affrontare le situazioni più improbabili con fermazza; o almeno ti dà la possibilità di provarci. Se impariamo a creare un perfetto connubio tra la nostra mente (ciò che pensiamo, ciò che desideriamo, ciò che percepiamo) ed il nostro comportamento e linguaggio (ciò che mostriamo a parole e a gesti, ovvero la famosa comunicazione verbale e non verbale della quale sentiamo spesso parlare) *allora, il gioco è fatto.*

A quel punto, saremo assolutamente in grado di attrarre *nelle nostre vite qualunque cosa desideriamo, qualunque cosa alla quale rivolgeremo la nostra attenzione e le nostre energie.* So che potrei sembrarti ripetitiva e, credimi, non vorrei mai annoiarti con questa lettura, ma sarà necessario che io ripeta alcune frasi *affinchè tu possa realmente farle tue. Affinchè tu possa crederci. Perchè è così.* Non esistono magie o trucchi in grado di portarti al successo immediato - questo lo sappiamo bene. La strada verso qualunque tipo di ambizione è tortuosa, difficile, altalenante ma l'importante *è non perdere mai di vista il vero obiettivo per il quale continuiamo a muoverci in questa macchina burocratica chiamata società.*

Sia che tu sia (ancora per poco) un venditore mediocre o (già) un venditore di successo hai solo da continuare ad attrarre verso di te il meglio, senza arrestarti davanti alle difficoltà che incontri (e che sempre incontrerai) nel tuo percorso lavorativo. *Devi attrarre. Sempre e comunque.*
Il successo si ottiene col tempo, con energia e tanta determinazione. Perciò, adesso concentrati sul tuo desiderio

di cambiamento, metti a fuoco i tui obiettivi, concentrati su te stesso e lasciati catturare, per il momento, dalla lettura.

Prima di farlo ti consiglierei di annotare su di un foglio quelle che, a tuo parere ed alla luce di ciò che è stata la tua carriera lavorativo sino ad oggi, sono *i tuoi punti deboli* ed *i tuoi punti di forza*. Annotare in primis i punti deboli ti permetterà di assumere un atteggiamento molto umano (componente indispensabile verso qualsiasi formazione professionale. *Ricorda: sei un uomo prima ancora di essere un leader*, e quando sarai un leader, invidiato da tutti, dovrai rispettare i tuoi dipendenti mostrando loro *la tua componente umana, come prima e più di prima*).
Dopo aver scritto i tuoi punti deboli ed averli letti per più di una volta scrivi accanto, (sempre utilizzando lo stesso foglio), *i tuoi punti di forza: questi saranno il fulcro attorno al quale dovrai costruire, nel vero senso della termine, la tua carriera professionale.*

I tuoi punti di forza ti aiuteranno a fare la differenza in qualsiasi settore tu stia agendo o stia volgendo l'attenzione.
E se non li trovi, perchè sei ancora un venditore con poca fiducia in se stesso ed alla ricerca del suo stesso valore personale e professionale, allora *scegli un modello che faccia al caso tuo e punta a lui!* Annota la sua forza gestuale e verbale e cerca di capire perchè vorresti assomigliargli. Sarà, da questo momento in poi, un ottimo punto di riferimento per te. Vedrai, arriverà un momento in cui la sua immagine ti assomiglierà così tanto che non avrai neanche più bisogno di ricordarlo.
Sarai tu. E sarai sempre tu ad attrarre. Perchè devi attrarre. E lo farai. Vedrai.

Lo scopo di questo libro è l'utilità e la praticità: imparerai le principali tecniche della Programmazione Neuro Linguistica applicabili alla vendita. *Sales Techniques non vuole essere altro che una guida utile e soprattutto pratica per te.* Spero non troverai, a tuo parere, niente di estremamente complesso o arzigogolato. Cercherò di semplificare, quanto più mi sarà possibile, frasi e concetti affinchè tu possa comprenderli fino in fondo.

Si. Perchè dietro a questo libro ci sono io, pronta a ricordarti che *raggiungere il successo è possibile e che non è niente di dannatamente, assolutamente e, fottutamente, inarrivabile.*

Devi solo imparare come fare, quali strategie comunicative applicare, quali comportamenti assumere davanti al tuo potenziale cliente in tutte quelle diverse circostanze lavorative nelle quali ti troverai a presenziare.

Dunque, iniziamo?

La nostra mente è la nostra più grande alleata ed i tuoi punti di forza ti aiuteranno a fare la differenza in qualsiasi settore tu stia agendo o stia volgendo l'attenzione.

2. Il potere della Convinzione

"Crea la tua guida di stile. Che sia unica e identificabile per gli altri".
(Orson Welles)

2.1 Crea il tuo stile, passo dopo passo.

Spero avrai seguito il mio consiglio di annotare sul (famoso) foglio di carta quelli che sono, per te, tutti i tuoi punti deboli ed i tuoi punti di forza. Una volta fatto ciò, sarà possibile trasformare quei difetti (o chiamiamole debolezze) in pregi perchè avrai un quadro molto più chiaro di te, della tua figura professionale e, prima ancora, personale. Saprai già di tuo, a quel punto, che dovrai lavorare duramente per smussare tutti quegli angoli del tuo carattere che ti impediscono concretamente di apportare benefici alla tua vita professionale (e prima di questa privata) ma che, viceversa, ti creano solo svantaggi su svantaggi.

Certo, non si può cambiare dalla sera alla mattina. Per questo ci vuole tanto impegno e soprattutto coraggio per intraprendere un percorso simile. Ma, da tutto questo, sarai tu e solo tu a trarne il vero giovamento. E nessun altro!

Vedrai che *lo stile che adotterai, e con il quale ti differenzierai dal resto, non sarà altro che il risultato finale di un processo di cambiamento importante, in cui la tua identità sarà strutturata, in tutto il suo complesso, suoi tuoi punti di forza, e non di debolezza.*

Solo attraverso un reale processo di lavoro costante su se

stessi si può ambiare a diventare un vero leader, ma un leader che faccia realmente la differenza rispetto agli altri, un leader dallo stile unico ed irriducibile, un leader sempre in grado di fare scacco matto nel proprio settore professionale.
Dovrai imparare a distinguerti dalla massa. Inizierai a farlo immolando un modello; crescerai fino al punto di superarlo, con determinazione e tanta forza di volontà.

Sai bene, ormai, che *l'obiettivo finale di questo libro è di mirare concretamente alla tua crescita professionale.* Per questa ragione qui troverai elencate le migliori tecniche e strategie di comunicazione che faranno di te un leader del settore, carismatico e motivato, in grado di moltiplicare le vendite, di motivare i suoi collaboratori (e di gestirli sopratutto), in grado di saper comunicare sia in pubblico che in privato ma, cosa più importante, *sarai un leader che farà della parola usata un'arma a suo vantaggio.*

Quando ti ho invitato a mettere su carta bianca i tuoi difetti ed i tuoi pregi era per spronarti a dare una definizione precisa ad alcune delle caratteristiche che, secondo te, meglio ti rappresentano. Mettiamo il caso tu ti sia identificato (negativamente) utilizzando aggettivi quali: ansioso, logorroico, nervoso, agitato, stai pur certo che da queste identificazioni non puoi scappare! Se hai scelto l'aggettivo *ansioso* e non l'aggettivo *amichevole*, ci sarà stato un motivo! Se sei (o sei stato) un venditore ansioso, come tu ti definisci, vuol dire che avrai assunto realmente degli atteggiamenti, (agli occhi del tuo potenziale cliente o anche solo dei colleghi, per esempio), da tipica ansia da prestazione.
Perciò, è arrivato seriamente il momento di voltare pagina.

2.2 Per non dimenticare...

Nel caso in cui avessi dei piccoli dubbi, su quanto scritto fin qui, farei un rapido riepilogo. E' importante fermarsi e dedicarsi (ogni tanto) ad un ripasso altrimenti ti sarà difficile memorizzare alcuni dei concetti che troverai in questo libro.

Prima di tutto, da buon venditore, devi sapere che:

1. ***Ad ogni parola corrisponde un significato preciso. E da quel significato non si sfugge. Non si torna indietro.*** Se sei apparso un venditore ansioso, pedante, stai pur certo che quel cliente da te non tornerà mai!
Dopo aver avuto un incontro con te si sarà lasciato andare a commenti del tipo:
"Che ansia questo! Da lui, non andrò mai più!", "Non sapevo proprio come liberarmene, ma chi è? Ma quanto parla?", "Ma che vuole? Non lo vedeva che non ero affatto interessato?", "Ma quanto insisteva? Non la piantava più!", "La prossima volta che lo vedo, di certo cambio strada!". ***Se stai pensando che di ciò che pensano gli altri di te, ti importa il giusto, ti dico sin da ora che stai sbagliando di grosso! Almeno se ci tieni a diventare un venditore con la D maiuscola.***
Dovrai stare molto attento all'identificazione che ti daranno! Sembra una stronzata ma, nella grammatica italiana, gli aggettivi fanno la differenza, sai? Dovrai puntare perciò a trasformare esattamente questi aggettivi negativi nei loro contrari.
Se ti definisci un venditore logorroico allora, dovrai puntare ad essere un venditore moderatamente incisivo, capace di ascoltare e di relazionarsi con il cliente che, forse in quel momento, preferirebbe sapere solo alcune delle milioni di informazioni che tu vorresti invece dargli al punto di provare la fatidica sensazione di soffocamento, ed il desiderio di

scappare a gambe levate, quando si trova al tuo cospetto. Creare il processo di cambiamento vuol dire, anche, trasformare quel: "Non sapevo proprio come liberarmene, ma chi è?" in un "Il tipo ci sa fare, è in gamba! Magari potrebbe aiutarmi sul serio...", "Mi ispira fiducia", "Mi ha convinto..." .
Crea il tuo stile, e fai in modo che sia credibile. Per essere credibile devi arrivare ad ottenere la fiducia di chi ti ascolta, ed il 99% di questa fiducia la otterrai solo se sarai in grado di comportarti bene, di portare rispetto e di assumere un linguaggio consono alla situazione nella quale ti trovi.

2. *Devi accettare, prima di ogni altra cosa, che non esiste un comportamento che sia scisso dal linguaggio!* Il tuo modo di porti, i tuoi atteggiamenti, i tuoi comportamenti sono importanti quanto quello che comunichi verbalmente (e non, ovvero le espressioni facciali). *Ricorda => Tu sei il risultato di ciò che dici e di ciò che fai, questa è la guida della quale hai bisogno per creare il tuo di stile.*

Non esistono scissioni fra le due cose, non può esistere un comportamento scorretto mixato ad un linguaggio idoneo, e viceversa. *Crea la tua guida di stile. E fallo con coscienza.*

Crea una guida di stile che sia unica e identificabile per gli altri, ma fallo adottando una perfetta sinergia tra il comportamento che assumi ed il linguaggio che utilizzi.

lo stile che adotterai, e con il quale ti differenzierai dal resto, non sarà altro che il risultato finale di un processo di cambiamento importante, in cui la tua identità sarà strutturata, in tutto il suo complesso, suoi tuoi punti di forza e non di debolezza.

2.3 Per non sbagliare più modo e momento.

Avremo modo di parlare, nei prossimi paragrafi, della parola e dello straordinario potere che in questa risiede. Ora però voglio rassicurarti. Perchè se stai leggendo questo libro sarai, in qualche modo, in preda all'ansia sulle ipotesi del tuo avvenire o, cosa peggiore, starai vivendo una condizione di totale sconforto sulla tua condizione professionale attuale.

Forse ti sarai rimproverato pronunciando frasi del tipo: "Non sono riuscito a diventare niente di tutto ciò che avrei voluto essere", "Non sono un leader, non sono un cazzo di niente", "Perchè mi ostino a vendere se non sono in grado di farlo? Forse sarebbe meglio se io mi dessi all'ippica".

Allora, caro amico mio, ti dico che sei completamente fuori strada, che stai sbagliando a pensarla così. Perchè se stai sfogliando queste quattro pagine è perchè sei disposto a migliorare ed a perseguire la strada del successo che passa (necessariamente, e te lo ribadisco) attraverso il cambiamento.

E non è forse la lettura di questo libro il più grande indizio del tuo desiderio di cambiamento? Altrimenti non saresti qui seduto a leggermi, te lo garantisco. Quindi il primo passo lo hai compiuto, eccome se lo hai compiuto! *Perciò ripeti a te stesso che sei stato bravo, che sei stato coraggioso e che puoi farcela.*

Ti assicuro che quando avrai finito la tua lettura (fai anche con comodo, non avere fretta, anzi! Ogni tanto concediti una pausa ed assicurati di aver compreso i concetti per poterli poi applicare nella vita concreta), qualcosa in te sarà cambiato. Sarai una persona molto più consapevole ed avrai un'immensa voglia di provarci. Si. Di provare a cambiare, a sperimentare, a scoprire. E lo farai giorno per giorno. Ma, fino a quel momento, dovrai essere una spugna per assorbire tutti quei concetti che magari sono oggi, per te, nuovi.

Voglio poi dirti un'altra cosa in via del tutto confidenziale (che rimanga tra me e te soltanto, insomma). *A chi non è mai capitato di sbagliare? Di sbagliare modo e momento, per esempio.* UFFFFF! A tutti (e qui giurerei di poter mettere la firma sull'avverbio *sicuramente*).

E se c'è una cosa (molto probabilmente) che accomuna tutti noi e le nostre esperienze di vita personali è il fatto che, almeno una volta nella vita, abbiamo *sbagliato parola*. Con i nostri cari, con i nostri colleghi, con i nostri fidanzati/e. Già. Abbiamo sbagliato ad utilizzare in modo opportuno le parole, ed abbiamo ferito, o più semplicemente abbiamo perso delle opportunità per noi importanti. *Abbiamo sbagliato modo, e momento.*

La frase: "Se potessi tornare indietro non direi più che...", vuoi farmi credere di non averla mai pronunciata? Impossibile. Per quanto banale possa sembrare, o riduttivo, o semplicistico, per quella che concerne la mia esperienza di vita *posso dirti che la vita gioca le regole del qui ed ora. Niente di più. Ed a tutti è capitato di sbagliare modo e momento perdendo l'opportunità di godere di quel qui e di quell'ora che potevano cambiare un x condizione.*

Perchè da un semplice qui ed ora si genera un qui ed ora successivo, e così via.
Sembra un rompicapo, ma non vuole esserlo. E può essere un qui ed ora migliore del qui ed ora precedente; sempre in meglio.
Perciò presta attenzione al tuo qui ed al tuo ora: applica il modo comportamento ed il linguaggio migliore di cui sei

capace al tuo qui ed al tuo momento presente (il tuo ora).
Ricorda => Modo e momento, sempre.

2.4 Se pronuncio una parola sbagliata.

Una parola sbagliata in una certa situazione lavorativa; *una parola sbagliata* in un rapporto a due; **una parola sbagliata** senza se e senza ma. E' e resterà per sempre una parola sbagliata che non andava, molto probabilmente, pronunciata. Ma quando la frittata è fatta, cosa puoi farci? Cerchi di rimboccarti le maniche e leggi questo libro! Se poi non ti fidi, puoi anche scegliere soluzioni alternative tipo meditare o andare a fare yoga per rilassare la tua tensione neuromuscolare. Ma questo te lo potrei concedere in una prima fase di sconforto. Poi no! Non più! Un cliente perso, può diventare un chiodo fisso; una chiusura di contratto mancata può trasformarsi in un dannato tarlo nella testa o, se lo preferisci, in un dolce e tenero criceto che corre sulla ruota che tu stesso hai piazzato nella testa, esattamente tra il tuo emisfero cerebrale destro e sinistro. E corre, corre all'impazzata, e tu non sai da dove ricominciare (pensavo, se non ti dovessero piacere i criceti che puoi sempre scegliere un granchio che naviga in fondo al mar, in fondo al marrrrrrrrrr").

Ecco.
Calmiamoci tutti e tu, invece, ascoltami attentamente: **quella parola se n'è andata, e non te la ridarà indietro più nessuno.** E sai cosa? Se ad ascoltarla era proprio uno di quei potenziali clienti per i quali avresti fatto follie, dai "non sai neanche tu quanti k di fortuiti euro valesse", sappi che hai perso, **per colpa di quella parola sbagliata, un'opportunità**

d'oro. Lo abbiamo appurato. Ora, fine.
Adesso, anzichè piangere sul latte versato, non ti resta che applicare tutte le energie delle quali disponi e che, scommetto, nealche tu sai di avere (sempre dopo la meditazione, lo yoga ed il viaggio in fondo al marrrr) allo studio di questo libro.

Studiare. Sì. Studiare ed *imparare a non danneggiarti.* Devi ripeterti costantemente questa frase al mattino appena sveglio ed alla sera prima di addormentarti: *io non mi danneggerò più. Saprò sfruttare al meglio tutte le opportunità che mi si presenteranno perchè ci credo, perchè lo voglio, e perchè so comunicare.*
Ora, devi imparare a comunicare per sfondare.
Chiedi gentilmente al tuo criceto di scendere dalla ruota e di andare a farsi un bel giro altrove perchè, da questo momento in poi, non avrai più così tanto tempo da dedicargli.
Ora devi studiare, caro mio.
Che tu lo voglia o no.
E devi ricordarti la vita gioca le regole del qui ed ora.

2.5 Per crescere è necessario studiare.

Io, in primis, ho dovuto studiare. Ma studiare tanto, eh! E non solo sui libri; ho dovuto studiare libri ed esperienze; studiare me stessa, i miei comportamenti, il mio modo di approcciarmi all'altro, la mia espressività gestuale e verbale.
Ho dovuto comprendere fino in fondo in cosa sbagliavo nel rapporto comunicativo con i clienti, ricordarmi le parole con le quali mi danneggiavo anzichè avvantaggiarmi.
E' stato un duro, anzi durissimo lavoro, ed è ancora in fase del tutto sperimentale perchè, come ti dicevo prima, non si apprende tutto dalla sera alla mattina e, come per ogni vizio,

non si smette dall'oggi al domani.

Intanto impara che:

=> *La crescita è professionale.*
=> *La crescita è individuale.*
=> *La crescita è continuativa.*
=> *La crescita è soggettiva.*
=> *La crescita è in farsi.*
=> *La crescita è empirica.*
=> *La crescita è importante.*

Già apprendere questo (ti sembrerà banale?) è molto, molto importante per te.

2.6 La mente è la tua più grande alleata.

Quante volte, proprio come me, avrai commesso errori che, pensandoci con il senno di poi, tu non potevi prevedere recassero così tanti danni alla tua azienda, al tuo stesso lavoro portandoti, di conseguenza, a credere di essere un venditore/collaboratore mediocre. Una cosa voglio dirtela; sappi che se sei tu il primo a pensarlo (di essere, appunto, un venditore/collaboratore mediocre), allora sarai sempre il primo a danneggiarti fino al rintanarti, al sotterrarti in questa deplorevole classificazione nel quale hai fatto ricadere te stesso.

La mente può essere una grande alleata, ma devi porgerle una guancia. E devi crederci, tu per primo, nei tuoi obiettivi e nelle tue capacità altrimenti non otterrai alcun successo; niente vendite, niente collaborazioni, niente realizzazioni; niente di niente.

Prescindendo dal fatto che potrebbero essere di varia natura le cause della mia/tua/nostra/vostra/loro mancata capacità di comunicare in un dato contesto lavorativo, in questo momento c'è solo una verità: *se stai leggendo questo libro è perchè tu non sei un mediocre.*
Tu sei un leader e non sai (ancora per poco) come esserlo, come diventarlo.

Ripeto (e la pianto qui): tu sei un leader perchè se solo hai avuto l'interesse di sfogliare queste pagine vuol dire che hai compreso perfettamente che, il tuo modo di comunicare, non è sufficientemente utile (per te stesso e/o per la tua azienda) e che il tuo lavoro, al momento, non è poi così gratificante come vorresti che fosse. Senti di poter fare di più, *senti di volere e potere sfondare. Ma non riesci.*

Hai capito che bisogna andare oltre i propri limiti, entrare in relazione con chi ti ascolta (in questo caso il proprio target di riferimento). Posso intanto consigliarti di entrare in relazione con loro in punta di piedi: l'obiettivo ultimo deve essere quello di infilarsi nella loro mente per non uscirne più (con le dovute precauzioni, è ovvio) e questo non lo si può di certo fare assumendo un atteggiamento irruente.
Vuoi e devi imparare come farlo.

Dopo questi primi paragrafi, amico mio, sai molto bene che:

- *esiste una legge di attrazione in grado di trasformare il proprio destino attraverso la forza della mente e sai che, da questa consapevolezza potrà avvenire il cambiamento;*

- *ad ogni parola corrisponde un significato preciso. E da quel significato non si sfugge. Non si torna indietro;*

- *devi accettare, prima di ogni altra cosa, che non esiste un comportamento che sia scisso dal linguaggio;*
- *la crescita è professionale. E' individuale. E' continuativa. E' soggettiva. E' in farsi. E' empirica. E' importante.*

Non ti resta dunque che proseguire nella lettura per addentrarti a cuore libero, (per quanto ti sia possibile), nel mondo della **Pragrammazione Neuro Linguistica applicata alle vendite** per apprendere tutte le strategie che questa ti suggerisce, affinchè tu possa migliorarti professionalmente e scoprire come ottenere il massimo (per te stesso) dal tuo lavoro e dalla tua vita.

Lo studio di alcuni consigli proposti dalla **PNL** ti serviranno (quotidianamente) per affiancare uomini d'affari, leader, proprio come te. Ricordati sempre però che alla fine della fiera, nonostante lo studio di questa amabile lettura, conterà soltanto quello che sarai in grado di ottenere, in parole povere, conterà quello che sarai in grado di portare a casa.

Se non porterai niente (ed io non te lo auguro) *sarà solo perchè TU non sarai stato in grado di venderti bene, di arrivare all'altro (il cliente) in punta di piedi; non sarai stato in grado di leggere questo libro con l'attenzione e la cura che merita.*

Sarà solo perchè TU non avrai saputo scegliere le belle parole da usare per attrarre e per convincere.

3. La PAROLA

"Nel vocabolario le parole sono allineate, stanno sull'attenti, hanno la faccia pulita. Appena si incrostano di realtà, rompono le righe e si liberano disordinatamente nelle piazze: allentano cintura e cravatta, mostrano la lingua e si sporcano le mani".

(Mario Postizzi)

3.1 Le belle parole da usare.

Già. Ma quali sono queste belle parole? C'è chi dice che *le parole possono essere un'arma a doppio taglio*; ci sono parole infatti che, se dette in un determinato contesto ed in un preciso momento (vedi il paragrafetto precedente), hanno la capacità di modificare drasticamente la nostra posizione lavorativa e personale.

Possono ribaltarci, farci piombare in uno stato confusionale: "Ma io non intendevo dire questo!", "Non era propriamente quello che volevo dire", "Cosa avrò detto di male se non che...", "Forse non sono stato chiaro, avrei potuto dire che...", "Continua a non capire (lui = cliente) quello che sto dicendo".

No, purtroppo. Ora che inizierai a studiare la Programmazione Neuro Linguistica capirai come, in realtà, *in questo mestiere non si accetta che un'asserzione: non è il cliente a non aver capito, sei tu che non ti sei spiegato bene.*

Questa è un'altra delle regole principali della PNL da considerare, sempre! E te la devi ricordare DAVVERO!

Ti rannovero, sempre nel caso in cui ti fosse sfuggito qualche piccolo dettaglio nelle pagine precedenti che, se hai sbagliato a parlare colloquiando con un papabile cliente, hai perso un'occasione e, nel *99% dei casi quell'occasione non tornerà maaaaaai più!* Ormai quell'occasione è andata a farsi benedire. Ed ormai ti è chiaro.

Se lo hai detto, lo hai detto; tutto è già ad un passo da te e, ammesso che tu non abbia una relazione con questo cliente (e ti augurerei di no perchè anche qui ci sarebbe mooolto da scrivere), è difficile che l'altra parte sia disposta a perdonarti l'uso di una parola detta fuoriposto o che sia disposta a concederti una seconda possibilità (soprattutto in seguito ad una tua spiegazione nevrotica, confusionaria e/o invadente).

3.2 Dai, giochiamo un pò.

"A tutti piace comprare ma a nessuno piace subire una vendita".
(Anonimo)

Con il cliente devi immaginare di fare un gioco.

Per giocare, in primis, **devi porti allo stesso suo livello.** Non dare mai la sensazione di saperne più di lui sia nel settore di tua competenza che in altri (di sua competenza, per esempio). Tu e lui siete sullo stesso piano: la differenza è che lui *forse* ha bisogno di te (ma ancora non lo sa, o forse stava iniziando a documentarsi sul tuo servizio o sul tuo prodotto); ***tu, invece, hai un fottuto bisogno di lui!.***

Quindi... *Stai sempre un passo dietro di lui ed ascolta ciò di cui ha bisogno.* Se comprendere le sue necessità può sembrarti (in un primo momento) molto difficile allora ti sarà concesso di *far finta* di comprenderlo (ma solo in un primo momento, lo ribadisco), almeno fin quando non sarai diventato così bravo da riuscire a percepire in piena autonomia, da ogni singolo suo gesto o parola, le sue esigenze, le sue aspettative, le sue necessità, le sue urgenze o anche solo quelle che sono delle sue semplici curiosità.

Non importa se stai fingendo, ma importa che tu appaia sicuro nel modo in cui ti esprimi e nel modo in cui ti comporti.

L'importante è che, in quell'istante preciso di colloquio con lui, tu ti faccia percepire interessato alle sue richieste; fingi (a fin di bene) di comprendere le sue parole e dagli valore, come a dirgli: "Ci sono io ora, è tutto passato!". Successivamente, quando imparerai ad applicare alle vendite le tecniche che la PNL ti suggerisce, sarai già diventato un professionista ed, a quel punto, non avrai più bisogno di fingere.

Gioca (non proprio sporco) ma provaci.

Chiama questo gioco il gioco del *"Dimmi cosa offri ed io ti dirò chi sei"*. Ricorda che ora sei sul suo stesso piano ma è lui a muovere le pedine, è sempre lui che dovrà scegliere te, fra tanti, dopo averti ascoltato. Lo so, è un gioco un pò strano perchè è come se giocassi seduto in panchina, ma non fa nientelo. Questo gioco inizia nel momento stesso in cui tu entri in contatto con LUI.

Ed è lì, che per vincere, devi iniziare a giocare.

Sei arrivato a Lui. Ci siamo. Ti stai per porre al suo stesso livello. Fatto. Benissimo. Siete l'uno di fronte all'altra. Lui gira di colpo la clessidra. Parte il conto alla rovescia. Hai solo pochi minuti per far capire a lui cosa offri, cosa sei andato a fare. Il tempo scorre velocemente. Finito.

A quel punto lui avrà già creato nella sua mente una o più idee su di te in base alla percezione che ne sarà scaturita da quell'incontro. Non ti resta che aspettare di scrutare se quel maledetto cartellino sarà *verde* o *rosso*.

Non ci vorrà molto per intuirlo, fidati.

3.3 Le parole dalla faccia pulita.

Rileggiamo insieme:

"Nel vocabolario le parole sono allineate, stanno sull'attenti, hanno la faccia pulita. Appena si incrostano di realtà, rompono le righe e si liberano disordinatamente nelle piazze: allentano cintura e cravatta, mostrano la lingua e si sporcano le mani"

Bellissima citazione, niente da dire. Ed io voglio condividerla con te non perchè voglio fare la filologa da strapazzo, non è di certo questo il momento giusto per esserlo (anche se ho sempre avuto una spiccata propensione verso la filologia); se ho scelto di inserirla all'interno di questo paragrafo è per spingerti, ancora di più, alla comprensione di qualcosa che è molto più semplice da capire di quanto si possa anche solo immaginare.

Nel vocabolario le parole sono allineate, stanno sull'attenti, hanno la faccia pulita - vuol dire propriamente che le parole che noi tutti conosciamo, che sin da bambini ci hanno insegnato ad esprimere, prima con i suoni e poi con le lettere dell'alfabeto, sono perfettamente allineate all'interno del nostro Vocabolario della lingua italiana.

Qualcuno, prima di noi, ha compiuto lo sforzo dell'opera preoccupandosene al posto nostro. Sono già lì, ad un passo da noi, ben confenzionate. Tutte allineate, come scolari in fila al loro secondo giorno di scuola. Gran parte del lavoro è stato già svolto, se così possiamo dire.

Quindi noi cosa dobbiamo farne, di queste parole? Una cosa è certa: non dobbiamo preoccuparci di abbellirle ulteriormente (ripeto, a questo ha già pensato la Crusca anni e anni fa anzi, Dante ancor prima della Signora Crusca). *Quindi il nostro fortuito compito si riduce al saperle scegliere, accuratamente, niente di più!*

Mi rimproverete (sicuramente) di quanto sia facile a dirsi e poco da farsi. Vi assicuro che non è così. Ma lo vedrete da soli a breve. Quindi vi confermo che è facile a dirsi ma ancor più facile a farsi, credetemi.

Basta non sporcarsi le mani e stare attenti.

3.4 Non sporchiamoci le mani!

Una volta che avrete appreso dallo studio della PNL (applicata alle vendite) quali sono le parole corrette da usare ed i comportamenti idonei da assumere dinnanzi al nostro target accuratamente selezionato, tutto vi sarà chiaro. Queste parole e questi comportamenti si racchiudono **un insieme finito e voi non dovrete far altro che attingere da quell'insieme con coscienza, prudenza e coraggio.** Perchè si sa, un pizzico di coraggio, in qualsiasi tipo di situazione, non guasta mai.

Io devo conoscere le parole che sono riposte all'interno di quell'insieme finito per poter riuscire in questo intento. Essere preparati è un metodo invincibile per non perdere, per non sbagliare. Se io so dove voglio arrivare, se so a cosa voglio puntare, se so cosa devo dire in determinati contesti e cosa non dire in altri, se so quanto sia importante la mia gestualità per la professione che svolgo, allora *il mio rischio di fallire si riduce e, di conseguenza, la mia possibilità di vincere aumenta.*

Di solito, non sono le parole ad essere nel potere degli uomini, ma sono gli uomini ad essere nel potere delle parole - scriveva Hugo von Hofmannsthal (altro aforisma che adoro citare). Se ci pensi, in una frase del genere troviamo il perfetto sunto di ciò che ci stavamo raccontando (io e te) da quasi mezz'ora. Alla luce dei nostri discorsi converrai con me che *siamo proprio noi in balìa di loro, e non il contrario.*

Con i tempi che corrono e nel contesto socio-culturale e politico nel quale viviamo, si fatica a sfruttare la forza magnetica delle parole traendola dalla loro stessa bellezza; si finisce, invece, a farne un uso improprio e spietato che intrappola finanche coloro che le pronunciano.

Ma questa è, da sempre, un'altra storia.

Dopo la lettura di questo libro e lo studio delle principali tecniche della Programmazione Neuro Linguistica sarai in grado di applicare (in piena autonomia, te lo garantisco) il corretto comportamento linguistico (verbale e non verbale) dinnanzi ai tuoi clienti; e non solo!

Se hai seguito fin qui (attentamente) i miei consigli avrai di sicuro compiuto (già) parecchi passi avanti, *perchè la conoscenza è la prima forma di cambiamento. E tu vuoi diventare un professionista (e sai di volerlo diventare), altrimenti non avresti questo libro fra le mani.*

3.5 Quando un cliente non è interessato.

Nel corso della tua carriera saprai riconoscere in quali occasioni sarà opportuno applicare tutte le strategie che avrai appreso dallo studio della Programmazione Neuro Linguistica applicata alle vendite e saprai comprendere (in assoluta autonomia), al contempo e quando lo riterrai opportuno, in quale circostanza applicare uno dei detti più famosi al mondo: *il silenzio vale più di mille parole.* Già, perchè *in molti casi, dovrai imparare a riconoscere anche quando sarà il momento di tacere!*

"Ma come?" - ti starai domandando, "un venditore non può mica starsene a tacere, come farebbe mai a vendere? Con la forza del pensiero?". Ora non voglio dire che sia veritiero ma fidati che, in molte occasioni, ti converrà stare zitto anzichè parlare a sproposito.

Immagina che la persona che hai di fronte abbia solo 10 minuti da dedicarti, non di più; trascorsi quei sacri minuti ti pianterà in asso perchè avrà da correre a fare la spesa, per poi prendere la figlia che va al nido (malvolentieri), per poi rientrare e preparare la cena (sempre con la figlia del nido in braccio) nell'attesa che rientri il marito, stanco dopo una giornata di lavoro, ecc...

Mettiamo il caso che il nostro potenziale cliente, in questo caso una semplicissima donna di famiglia, ti conceda quei famosi 10 minuti della sua vita. Secondo te, quale potrebbe essere il modo migliore per giocartela e portare a casa la vittoria? Rispondi sinceramente:

(a) aggredirla verbalmente sparando a raffica tutto quello che c'è da sapere sul tuo prodotto/servizio (inserendo, qua e là, indizi sulla tua vita personale: "Ciao sono Luca e svolgo questo lavoro da una vita, prima vivevo a Lourdes adesso mi sono trasferito perchè la nostra azienda..../ Io, come te, non sapevo di questo prodotto fin quando non l'ho scoperto ed ora non ne posso fare più a meno, l'ho consigliato a tutti i miei amici, alla mia famiglia...loro anche vivono a Lourdes, non si sono trasferiti. Quindi, come ti dicevo, io vivo qui da poco ma la passione per il mio lavoro...";

(b) mostrare un (finto) interesse al suo primo: "No grazie, non sono interessata" facendo crederle che rispetti la sua posizione per poi, un istante dopo, aggredirla verbalmente sparando a raffica tutto quello che c'è da sapere sul tuo prodotto/servizio (e così via) perchè LEI NON SA A COSA STA DICENDO DI NO, DEVE SAPERLO A TUTTI I COSTI, QUI ED ORA;

(c) assumere un atteggiamento che sia il più spontaneo possibile invitandola, nel caso in cui dovesse scoprirne l'interesse, a ricontattarlo a quel numero che, gentilmente, le stai lasciando allegato al catalogo del tuo prodotto/servizio. Perchè tu, nei minuti precedenti, le hai spiegato perchè potresti esserle utile e, subito dopo, hai mostrato rispetto per le ragioni del suo disinteresse: *le hai lasciato lo spazio di parlare e restando ad ascoltare in silenzio.*

Vediamo alle risposte che hai dato quali conseguenze (lavorativamente parlando) potresti ottenere:

(a) se ti comporti come farebbe questo venditore number one (e ne potrei citare a bizzeffe!!!), la reazione immediata della donna è la *fuga*. Ma la fuga intesa anche come *sparizione*.
La prossima volta che ti vedrà, non solo ti ignorerà, ma svanirà mimetizzandosi fra le macchine

parcheggiate, quatta quatta, (sarebbe capace di farlo anche con la bambina in braccio, non sai di cosa sono capaci le donne in certe situazioni).
Il risultato finale sarà che non otterrai, da quella donna di famiglia, mai e poi mai, nulla! Vuoi essere un'ansia aggiuntiva alle sue? Mai sia. Ha già troppe cose delle quali preoccuparsi, ed incontrarti sarebbe una preoccupazione in più...quindi, ti starà alla larga. Se non lo hai ancora capito, le metti ansia.

(b) In questo caso *si sentirà (immediatamente) presa in giro* e non ti concederà una seconda possibilità. L'hai illusa. E le donne si sa, non si devono illudere. Le hai fatto credere di comprenderla, la guardavi con aria di compassione, (forse più empatica che compassionevole) e poi cosa hai fatto? Te ne sei fregato altamente! Sei stato l'egoista di sempre, che ha messo davanti a lei i suoi interessi. A volte, nel lavoro, funziona come nelle relazioni, quindi occhio a come ti muovi se vuoi farla franca.

(c) Se hai scelto questa risposta sei andato vicino alla soluzione giusta e se lei dovesse, nel tempo, convincersi avere bisogno di te, del tuo prodotto/servizio ti ricontatterà. Perchè *sei stato bravo restando ad ascoltarla*, non le hai messo ansia come fanno, invece, altri tuoi colleghi; ricorda però che tu hai bisogno di portare a casa quella chiusura di contratto, quindi *restare in silenzio volte può essere molto utile e può portarti molti più vantaggi di quanti ne otterresti se non lo facessi* ma, ricorda anche che qui, faccio riferimento ai casi nei quali il cliente mostra (da subito) un atteggiamento restìo o un chiaro disinteresse.
Per questo ti consiglio di puntare ad un *range di utenza* che sai già essere utile per te. Fare uno *screen*

dei tuoi potenziali clienti, mirare ad una *targettizzazione* precisa ti servità per risparmiare tempo ed energie da investire in altro, come ad esempio un cliente che non sarà mai interessato a ciò che fai. E quando avrai davanti un cliente realmente interessato, assumi l'atteggiamento umile ed intelligente che, ormai, sai di poter avere.

3.6 Alcuni esempi di frasi inutili da usare.

Ripeto ancora una volta. *Se un cliente non è interessato al vostro servizio o al vostro prodotto vi sarà evidente sin dal principio perciò non dovrete in alcun modo assumere un comportamento dannatamente insistente ponendo frasi/atteggiamenti che creino, in lui, imbarazzo e desiderio di fuga.*

Bandisci, da questo momento in poi, tutte le frasi che di solito utilizzi e che reputi abbiano una certa somiglianza con le seguenti che ti offro:

=> *"Guardi, si fidi di me, ciò che le offro è unico, glielo garantisco".*

=> *"Io l'ho provato e funziona, da quando l'ho acquistato ho notato subito un cambiamento".*

=> *"Fossi in lei lo proverei".*

=> *"Mi dia retta".*

=> *"Ci vuole pensare? Eh... guardi non per metterle fretta ma...".*

=> *"Abbiamo solo ancora due pezzi in omaggio e la richiesta è alta, perciò io le consiglierei di non pensarci troppo a lungo e di prenderlo ora!"*.

=> *"Ne approfitti, l'offerta c'è adesso, e non capita tutti i giorni"*.

Ti spiego perchè questi esempi di frasi sono assolutamente da bandire:

- *"Guardi, si fidi di me, ciò che le offro è unico, glielo garantisco"*.

Il verbo fidare sottointende un rapporto di fiducia (letteralmente: vere fede, confidare in) che al momento, tra te e il cliente, non esiste. Dovrai essere prima credibile ai suoi occhi e, successivamente, fidato. Pronunciare questo verbo, in contesti inopportuni, è un tentativo che sta indicare il tuo bisogno di bruciare le tappe => così arrivi a lui => così ottieni ciò che vuoi. Ma questo il cliente lo avverte, e faticherai molto di più ad ottenere la sua fiducia. Meglio utilizzare verbi in riferimento al tuo servizio/prodotto, (esaltandone le caratteristiche, le qualità, i benefici che ne potrebbe ottenere), ma non alla tua persona.

- *"Io l'ho provato e funziona, da quando l'ho acquistato ho notato subito un cambiamento"*.

Io l'ho provato e funziona è la tipica frase che si sente dire da un venditore che le prova tutte pur di vendere. Questo crea subito una ulteriore distanza tra te ed il cliente contribuendo a renderti, ai suoi occhi, un pagliaccio da circo. Sa benissimo che non lo hai provato e che stai cercando di raggirartelo o che non lo usi come vorresti fargli credere. Se è vero, invece che ne benefici anche tu, non dirlo, fino al momento in cui fra voi non si sarà creato un legame di rispetto reciproco.

- *"Fossi in lei lo proverei"*.

  Tu non sei lei. Non puoi sapere di cosa abbia bisogno *lei* in quel momento. Il tuo è solo un tentativo di convincimento che non porterà a niente, ammesso che tu non venda profumi che quelli si sa, si provano più che volentieri. A questo punto sono consigliabili frasi del tipo: "Se vuole provarlo chieda pure..."/ "Se vuole le faccio vedere velocemente "(avverbio molto utile nella comunicazione perchè lascia intendere la tua volontà di non catturare il tuo cliente sottraendogli tutto l'ossigeno di cui ha bisogno per respirare, almeno, fino a quando non avrà comprato ciò che gli stai offrendo).

- *"Mi dia retta"*.

  Perchè dovrebbe farlo? Ammesso che tu non sia il migliore nel tuo settore, nessuno si sentirà autorizzato a farlo. Per questa ragione, ti invito a diventare il migliore per poi sfoggiare frasi del genere.

- *"Ci vuole pensare? Eh... guardi non per metterle fretta ma..."*.

  Eh no. Tu gli metti fretta eccome. Si capisce molto bene che il tuo intento è solo ed esclusivamente di vendere. Se hai fretta, concluderai poco. Meglio frasi del tipo "Ci pensi pure, se preferisce", che rassicurano e avvicinano le distanze tra le parti.

- *"Ne abbiamo solo ancora due pezzi in omaggio e la richiesta è alta, perciò io le consiglierei di non pensarci troppo a lungo e di prenderlo ora!"*.

  Questa frase è un insieme di errori primordiali ai quali non si può rimediare. Un mix tra presa per i fondelli, urgenza di vendere, mancanza di empatia ed invadenza. Io vi consiglio di bandirla completamente.

- *"Ne approfitti, l'offerta c'è adesso, e non capita tutti i giorni".*

Fidati che se c'è un'offerta, il primo a saperlo è il cliente e se lo sa, ed è interessato, viene appositamente per comprare. Se ancora non lo ha fatto ci sarà un motivo, quindi meglio non insistere.

Al momento io non sono interessata può voler dire una infinità di cose. Probabilmente, se avessi assunto un atteggiamento diverso avrebbe anche potuto palesere un finto o realeinteresse: ma così proprio no! Perciò ti ripeto che, così facendo, al momento lei continuerà a non sono interessata.

Inoltre, se fosse per caso interessato ma il problema è che non può comprarlo (realmente) in quel momento, creeresti in lui un sentimento di disagio inopportuno; in quel caso, meglio informare il cliente della durata dell'offerta o di altri eventuali sconti, lasciandolo libero di tornare quando lo riterrà opportuno.

3.7 Il venditore samaritano.

Se c'è una categoria di venditori che proprio mi fa venire l'orticaria è quella del buon samaritano, ovvero colui/colei che ti segue ovunque elogiandoti come se fossi un Dio greco sceso in terra e che non ti molla un attimo durante tutto il tuo tragitto che compi (se riesci a compierlo) all'interno del suo negozio.

Il sorriso a 360° posso comprenderlo, chi ti ha assunta ti ha espressamente invitata ad essere cortese e gentile e fin quando mi saluti, niente da dire. Ma se continui a fissarmi, anche dopo avermi salutato, inizio a percepire una forma sottile di tensione; una voce inizia a farsi spazio nelle mi testa ("Ci risiamo, questa ora mi starà con il fiato sul collo", "Ma che vuole questa...", "Perchè non la smette di fissarmi...", frasi del genere tanto per cominciare).

E ciò a cui faccio riferimento non è un episodio sporadico che capita casualmente. Affatto! E' ciò che accade il più delle volte se entri in un negozio di abbigliamento, per esempio. Tutte esperienze personali, ci tengo a precisare; situazioni che ho avuto il piacere di sperimentare personalmente e che posso vantarmi di poterti raccontare in questo libro.
Questo è l'esempio di quello che io chiamo: *il venditore samaritano*, già.

Senti questa (continuo sempre con l'esempio di un venditore x assunto in negozio y di abbigliamento).

Per farti capire, ti racconto come possa essere spietato l'inseguimento che subisci da parte di alcune commesse samaritane. E sottolineo SPIETATO! E non conosco altri aggettivi utili che possano supplire a tale identificazione.
Spietato perchè non hanno sentimenti, in primis; poi perchè mi elogiano gratuitamente quando non c'è niente da elogiare. Ed io lo so benissimo che non c'è assolutamente niente da elogiare.
Se fai sbucare, improvvisamente, la tua testa di venditore samaritano da sotto la tenda del mio camerino (ah, che poi come ti permetti?), come se neanche fossi un Dinosauro Raptus sopravvissuto alle ere preistoriche, (ps= se continui a sbucare da sotto, faccio in modo di rispedirtici in una di quelle ere a calci nel sedere. Ed ho fatto anche la rima), e mi dici: "OHHHHHH, MA COME TI STA BENE!!! Guarda che fisico!!! Questo colore ti sta da Dio!!! E poi, che dire, s'intona alla tua carnagione chiara ed agli occhi celesti!".
Ecco io, da comune e mortale potenziale cliente, mi rivesto e me ne vado semplicemente per il gusto di farti un dispetto.

E sai perchè? Perchè tu fai dei complimenti finti ad una che è entrata nel tuo negozio semplicemente per il gusto di svagare un pò, dopo una giornata infernale di duro lavoro, ed è entrata lì con i capelli sporchi, gli occhiali appiccicosi e la faccia color bianco latte - fantasma.
E tu hai avuto il barbaro coraggio di dirle che quel colore s'intonava perfettamente con il suo splendido incarnato (ti ricordo bianco fantasma???), che risaltava i suoi occhi (da dietro due fanali a fondo di bottiglia, mi spieghi come hai fatto a vederli così luminosi o a scorgerne il colore???).
Ma non è finita.

Per non parlare del fatto che non mi hai mica permesso di provarlo quel vestito fantastico che desideravo tanto perchè tu, Dinosauro Raptor che non sei altro, sei balzata dal fondo (precisamente sporgendo la tua testolina da sotto la tendina) facendomi prendere uno spavento che neanche sapresti descriverti. Morale? Sono rimasta con il mio pantalone sfilato a metà, una scarpa sì ed una no, ed il vestito fantastico che desideravo tanto infilato di traverso.

Quindi... Caro il mio venditore o venditrice samaritana, se mi stai leggendo, abbi pietà del cliente che entra nei tuoi camerini e lasciali liberi di sentirsi brutti quanto gli pare e piace. E non fare domande stupide dopo soli tre secondi e mezzo, "Come vaaaa???" perchè io ho diritto di vivere, tanto quanto te.
E di sentirmi brutta, se ne ho voglia.

3.8 Il venditore inseguitore.

Si, ci sono tante categorie di venditori, non è di certo questa la sede esatta per elencarle; però ci tengo a raccontarvi un'altra tipologia di venditori che fatico a comprendere: *l'inseguitore.*
Siamo sempre in un negozio y di abbigliamento (spero non lo stesso altrimenti sai che macello).

Poverine/i, loro non hanno colpa, qualcuno gli ha insegnato che mostrare una smodata attenzione nei confronti del cliente è indispensabile perchè il tutto è finalizzato all'acquisto (o le hanno minacciate di licenziamento nel caso in cui non lo facessero, chi lo sa, tutto può essere in questo mondo di ladri).
E così quelle anime in pena, *le mine vaganti come mi piace chiamarle*, ti inseguono e ti rincorrono, ti rincorrono e ti rinseguono, ti spiano (come già detto) dalle fessure della porta del camerino e se le fessure non ci sono, allora loro le fanno e poi tornano a spiarti. E ti rinseguono ancora.
Probabilmente di comunicazione, loro ed i datori di lavoro, ne capiscono ben poco; gli consiglierei di sfogliare un libro di Programmazione Neuro Linguistica applicata alle vendite, per capire come si fa con molti dei loro clienti simili a me.

Se fossi oggi un tuo (povero cliente), dopo un'aggressione del genere, ci penserei due volte prima di rimettere piede in questo bel negozio y. E non è poi così assurdo, se ci pensi bene, che io sia arrivata al punto di dirti questo con una certa convinzione.
Perchè io, sempre io, che sono stata inseguita, che ho dovuto sudare per nascondermi tra le corsie del negozio e mimetizzarmi di verde stagno (anche in mezzo agli scaffali dei maglioni di lana delle nonne), volevo solo dare una semplice occhiata.

Esatto. L'unica cosa che volevo fare in quel dannato negozio era guardarmi allo specchio per capire in che stato fossero i miei capelli (sporchi, sempre come nel caso riportato nel paragrafo del venditore samaritano) prima di andare al supermercato e comprare due confezioni di yogurt magro al cocco. Sì, io adoro guardarmi al vostro specchio, e allora?

E tu, anzichè lasciarmi stare in pace mi hai inseguita, impedendomi di specchiarmi per tutto il tempo che volessi. E non so se da te ci tornerò più. Perchè ci sarai sempre tu. Pronta a puntarmi da lontano e ad annusarmi come se io fossi una pecorella smarrita in un branco di lupi.

Ti è andata male, però, perchè io ho capito il tuo gioco e da te non ci vengo più.

E non mi interessa se ti hanno costretto ad inseguire le povere pecorelle come me o se te lo hanno semplicemente consigliato, in me hai creato ansia. E me ne ricorderò, la prossima volta.

E se vuoi saperlo, non sono erbivora. So che a te lettore non fregherà niente o che è una cavolata ma avevo voglia di scriverlo.

Tutto questo bel racconto, caro mio amico venditore futuro leader number one, lo faccio per ricordarti che *come ti muoverai, ciò che dirai al cospetto di ogni tuo singolo cliente farà sempre la differenza. E' una delle verità indiscutibili sulle quali si fonda la Programmazione Neuro Linguistica.*
Per questo dovrai impegnarti nel riprogrammare il tuo linguaggio, prima ancora dei tuoi schemi mentali, perchè migliorando il tuo atteggiamento verbale e non verbale (le tue espressioni), migliorerai la realtà a te circostante.

Molto probabilmente tu (ed io te lo auguro) diventerai un venditore ricco e noto, un professionista nel vero senso del termine e, quando questo accadrà, non ricorderai di certo il volto di tutti quei potenziali clienti ai quali hai imposto, con il tuo modo di fare, la fuga spietata.

Ma attenzione! Tu non ricorderai il loro volto, ma loro ricorderanno sempre il tuo.
E se anche solo per una volta avrai tentato di raggirarli convincendoli a comprare qualcosa che loro *in quel momento* non volevano, o semplicemente non potevano comprare, loro da te faticheranno a tornare.
Questa è l'unica forma di punizione che potranno permettersi nei tuoi riguardi, per averli così tanto stressati. E fidati che questa occasione non se la faranno scappare per niente al mondo.

Quindi impara a non insistere, impara dalla lettura di questo libro quali verbi, frasi, parole dire al cospetto dei tuoi clienti, impara quali gesti o comportamenti usare; studia e fai tua la Programmazione Neuro Linguistica applicata alle vendite; leggi e rileggi attentamente passi di questo libro affinchè ti risultino sempre più chiari e facili da applicare nel concreto della tua vita lavorativa e privata.

Impara, grazie alla Programmazione Neuro Linguistica, dai tuoi errori e scopri come applicare l'uso corretto di ogni parola in ogni circostanza nella quale ti troverai a dover mettere in luce il tuo valore, consapevole del fatto che questa può contenere in sé un incredibile potere e che, da questa, potrai trarne nient'altro che un immenso vantaggio.

Che ti piaccia o meno, dovrai imparare a comunicare e a farlo nel migliore dei modi possibili.
Tieni sempre a mente, nel momento in cui starai per compiere il tuo primissimo passo di avvicinamento verso il cliente (sempre in seguito alla lettura di questo libro), che vale il detto: *c'è tempo e modo! Tienilo sempre a mente, ma sul serio.*
In questo libro ti indicheremo il modo in cui poter influenzare il cliente utilizzando una scelta consapevole del

linguaggio, *sempre dopo aver attivato in lui delle reazioni specifiche neurologiche.*

E ricorda che *è impossibile non comunicare* (questo è uno dei fondamenta sui quali si fonda oggi la Programmazione Neuro Linguistica nel campo del vendite); *so che è difficile individuare le parole corrette,* intese in senso di efficacia, *e quelle da evitare per non danneggiare la tua immagine, ma io proverò ad aiutarti.*

Punta alla conquista della tua credibilità sul mercato, come leader che sfida ogni giorno le regole del business.

Hai già iniziato, ora continua pure.

4. Le BASI DELLA PNL

"Quel che faccio è aiutare le persone a sviluppare la convinzione di essere persone splendide, perché quando cominciate a crederlo, cominciate anche a comportarvi di conseguenza: è allora che iniziate a raccogliere fantastici risultati".

(Bandler)

4.1 Il Cuore della Programmazione Neuro Linguistica.

Sei approdato in questo nuovo mondo della **PNL** in cui imparerai fare un uso corretto delle parole e a sviluppare tutte le tue capacità linguistiche e comunicative al fine di raggiungere tutti quegli obiettivi prefissati. Dalla lettura precedente sai (ormai bene) quanto sia importante assumere un atteggiamento positivo per attrarre verso di te quanto di meglio ti auguri di avere.

Bandler, uno dei padri fondatori della Programmazione Neuro Linguistica, sin dagli esordi nel campo della medicina sperimentale sosteneva (a gran voce) *l'importanza della propria convinzione, della propria consapevolezza, del proprio valore all'interno di ogni dinamica professionale che mirasse al cambiamento (e, perchè no, miglioramento).*

La Convizione di se stessi (ovvero, la capacità di credere che noi possiamo farcela, che noi possiamo raggiungere con successo tutti i nostri obiettivi), ci porta ad assumere *atteggiamenti positivi. E solo grazie a questi possiamo ottenere dei resultati.*

Dai risultati ottenuti genera un elemento importantissimo: la Credibilità. Senza di questa non esisterebbe alcun cambiamento in grado da condurci verso la strada del successo.

Voglio tornare però alla **PNL**, o meglio al cuore della vera PNL.

Una delle basi fondamentali della Programmazione Neuro Linguistica si fonda su una grande certezza che è la seguente: *tutte le risposte negative che hai ottenuto (o che in futuro otterrai dai tuoi potenziali clienti)non saranno altro che il frutto di una tua comunicazione sbagliata.*

La Programmazione Neuro Linguistica ribadisce (da sempre) quanto il potere della parola sia immenso, straordinario e l'importanza del modo in cui, questo potere, venga gestito (in primis nel modo che crediamo essere per noi il più opportuno).

E' possibile, ed è soprattutto consigliabile lo studio delle tecniche della PNL applicate alla vendita, per imparare il metodo di comunicazione strategico più adeguato per te e/o per la tua azienda. Non tutte le strategie comunicative sono uguali, bisogna essere in grado di attuare sempre (dopo averle scelte chiaramente) le migliori nel proprio campo lavorativo.

Alcuni fra i più grandi leader preferiscono applicare strategie di Marketing fondate sulla forza virale delle immagini anzichè sulle parole. Tutte tecniche giuste, opportune contestualizzandole ai fini di una specifica e propria riuscita personale/aziendale.

E' necessario, però, non dimenticare mai (e ci tengo a precisare che questo non lo dico io, ma lo insegna a tutti la storia) che la forza di una immagine è di gran lunga inferiore alla forza propulsiva di una parola.

Pensiamo a due ipotesi:

(a) in una ci presentiamo di fronte ad un nostro potenziale cliente recando in mano uno splendido catalogo con tutti i nostri prodotti e le nostre mitiche/super offerte. Fieri del nostro oggetto pubblicitario lo sventoliamo ai quattro venti sfoggiando un sorriso splendente ma, consapevolmente o inconsapevolmente (questo potete saperlo solo voi) assumiamo un atteggiamento insistente e/o utilizziamo parole inappropriate che finiranno per creare un disagio (non da poco conto) e tanto, tanto, ma tanto imbarazzo da parte del cliente nei nostri confronti e/o dell'azienda.

(b) Nell'altra ipotesi supponiamo invece di dover consegnare un catalogo che non rispecchia propriamente la bellezza grafica classica (per dirla così) ma noi, consapevoli di questo, adoperiamo tutte le nostre potenzialità linguistiche per far sembrare quell'insulso catalogo costato solo pochi spicci una vera e propria opera d'arte. E lì che impariamo a venderlo; è lì che scopriamo come entrare in relazione con l'altra parte che, ad un palmo dal nostro naso, ci ascolta.

Fra le due, la maggior probabilità di successo si otterrà a seguito della seconda modalità, e non la prima. Attenzione! Questo non vuole assicurare e certificare la riuscita della seconda ai danni della prima, voglio semplicemente dire che, sicuramente, ci saranno molte più probabilità che questo accada.

Ovviamente parliamo dell'ABC del Marketing e, nello specifico, delle vendite; è ovvio che *per affermarsi nel settore di nostra competenza è necessario fare in modo che convergano entrambe le ipotesi! Bisogna avvalersi di tutti quegli strumenti utili al fine di ottenere il massimo riscontro del cliente: quindi ottimo materiale, ottimo comportamento, ottime capacità espressive, ottimo prodotto/servizio.*

OTTIMO LINGUAGGIO => OTTIMO COMPORTAMENTO => OTTIMA CONOSCENZA => OTTIMA EMPATIA => OTTIMO MATERIALE DI CUI DISPONGO =>ECCELLENZA DEL PRODOTTO / SERVIZIO CHE OFFRO => QUALITA', CREDIBILITA', GARANZIA.

Per essere sempre più precisi, diciamo pure che la capacità di comunicare, *di sapersi vendere* (o vendere un servizio, un prodotto) è indispensabile per concretizzare la vendita fine a se stessa. Tutto filtra attraverso il nostro linguaggio, il nostro atteggiamento, la nostra empatia nei confronti del LUI. Dunque, impariamo a *riporre sempre un'attenzione estrema sia al modo che al momento in cui scegliamo di entrare in relazione con ogni nostro potenziale cliente.*

In base a quanto sostenuto dalla Programmazione Neuro Linguistica l'individuo interagisce nella sua totalità tramite tre distinte componenti:

- *il linguaggio;*
- *le convinzioni;*
- *la fisiologia.*

L'interazione fra le tre componenti sovracitate permetterebbe all'uomo di creare le sue percezioni (le percezioni della realtà nella quale vive e del mondo che lo circonda) conferendo, a queste stesse percezioni, determinate caratteristiche sia qualitative che quantitative.
Da questa interazione a tre fattori deriverebbe, dunque, l'interpretazione soggettiva dell'individuo; grazie a questa struttura (linguaggio+convinzioni+fisiologia) egli dà significato al mondo.

Ti starai sicuramente domandando se è possibile modificare questa struttura trivalente, se è possibile che le percezioni, alle quali conseguono le nostre interpretazioni della realtà soggettiva, siano concretamente modificabili. La risposta che ci viene data direttamente dalla PNL è, a tal proposito, assolutamente positiva.

Ne deriva dunque che: *noi possiamo modificare, in qualsiasi momento in cui lo desideriamo, i significati attraverso una trasformazione della struttura percettiva (detta mappa, cioè l'universo simbolico di riferimento); tramite questa trasformazione ogni singola persona può intraprendere cambiamenti di atteggiamento e di comportamento, di linguaggio verbale e non verbale.*

Veniamo al sodo, cara PNL, come si può modificare la nostra percezione soggettiva del mondo?
Applicando opportune tecniche di cambiamento e di trasformazione che sono in continua evoluzione - è la risposta.

Nei primi paragrafi ci siamo soffermati ampiamente sull'importanza che esercitano su di noi:

☐ la **convinzione** (*"Quel che faccio è aiutare le persone* *a sviluppare la convinzione di essere persone splendide, perché quando cominciate a crederlo, cominciate anche a comportarvi di conseguenza: è allora che iniziate a raccogliere fantastici risultati"* - Bandler);

- **l'ottimismo** (*"E' importante imparare a sfruttare il grande potere della mente per trasformare i nostri pensieri in realtà, essere ottimisti è la chiave del successo"*);

- la **fiducia** verso di sè, verso gli altri, verso il cambiamento (*"Devi credere tu per primo nei tuoi obiettivi e nelle tue capacità altrimenti niente successo, niente vendite, niente collaborazioni, niente realizzazioni; niente di niente"*).

Se ho scelto di soffermarmi molto su questi aspetti è proprio perchè uno degli obiettivi principali della PNL è di riuscire a **sviluppare abitudini/reazioni di successo amplificando i comportamenti "facilitanti" (cioè efficaci) e diminuendo quelli "limitanti" (cioè indesiderati).**

Se intraprendere la strada del cambiamento in una prima fase può risultare difficile, al punto tale da sembrare quasi impossibile, (ricordi l'esercizio che ti avevo consigliato di svolgere sin dal primo paragrafo? Se ancora non lo hai fatto ti consiglierei di farlo!), secondo quanto suggerito dalla Programmazione Neuro Linguistica *si può ricorrere al principio dell'imitazione.*

Ovvero, i padri fondatori della PNL, ci insegniamo che *il cambiamento più profondo può avvenire anche riproducendo ("modellando") precisamente i comportamenti delle persone di successo allo scopo di creare un nuovo "strato" di esperienza (una tecnica che può essere appunto chiamata modeling, o modellamento).*

Le altre persone ci installano continuamente convinzioni alle quali finiamo per credere. **Sono le limitazioni che vi sono state imposte** - scriveva Bandler in uno scritto ufficiale a proposito delle sue ipotesi di lavoro, come ama definirle lui.

In questa citazione di Bandler, che ricordo essere uno dei due padri fondatori della Programmazione Neuro Linguistica, si può facilmente risalire (o sintetizzare) a quelle che sono le tre componenti che caratterizzano questa disciplina: la **Programmazione**, la **Neuro**, la **Linguistica**. Analizziamole singolarmente.

☐ Per **Programmazione** si intende *la capacità di influire sulle modalità di comportamento variabili e fondate sulla percezione e sull'esperienza soggettive ed individuali.* Tramite l'utilizzo di alcune tecniche della Programmazione Neuro Linguistica si interverrebbe *su una gamma predefinita di comportamenti (programmi o schemi), che funzionano in modo inconsapevole ed automatico.*

☐ La **Neuro** è *l'insieme dei singoli processi neurologici del comportamento umano, basato su come il sistema nervoso riceve stimoli dagli organi di senso e li rielabora come percezioni e rappresentazioni.*

☐ La **Linguistica**, infine, *definisce il sistema con cui i processi mentali umani sono codificati, organizzati e trasformati attraverso il linguaggio.*

La Programmazione Neuro Linguistica è considerata oggi come **una disciplina in grado di riunire i vari ambiti dello** *studio della comunicazione umana* proponendosi, essa stessa, come uno strumento in grado di influenzare molteplici fattori, quali l'istruzione, l'apprendimento, la negoziazione, la vendita, la leadership, il team-building.

Ha ormai trovato applicazione in diversi capi, persino nei processi decisionali, creativi, nell'arte, nello sport e nel counseling. Il ruolo che attualmente svolge è ben diverso dai suoi esordi, come vedremo a breve: in Italia ha cominciato a diffondersi all'inizio degli anni ottanta, inizialmente nel settore della formazione manageriale.

La PNL si propone come una metodologia di studio della struttura dell'esperienza soggettiva - scrive Robert Dilts. Secondo lo studioso, infatti, l'obiettivo pratico della Programmazione Neuro Linguistica è sempre stato quello di comprendere come alcune persone riescano ad ottenere determinati risultati (ribadisco che questo, per la PNL, dovrebbe avvenire tramite l'analisi, l'apprendimento e il modellamento, cioè l'acquisizione volontaria di determinati comportamenti); per arrivare ad analizzare ciò *era necessario studiare la struttura dell'esperienza soggettiva oltre la quale, viceversa, sarebbe stato impossibile attuare (nei soggetti presi in causa) qualunque forma di cambiamento.*

La PNL è tuttora considerata una pseudoscienza, e gli stessi sostenitori affermano che *le sue applicazioni non debbano necessariamente avere fondamento scientifico*, perché i principi fondamentali attorno alla quale la Programmazione Neuro Linguistica si struttura sono semplici *"ipotesi di lavoro, che possono essere vere o meno. Il problema non è se siano vere, bensì se siano utili"*. E' estremamente importante che siano utili, perchè devono condurre alla comprensione dell'interpretazione soggettiva della realtà; se non vi è comprensione del sè e di quello che è neccessario modificare, non vi può essere alcun cambiamento positivo.

Le analisi di lavoro formulate dalla Programmazione Neuro Linguistica dovrebbero condurre, o almeno essere utili, all'elaborazione di un modello comportamentale che dovrebbe essere (successivamente) replicato dal "paziente" tramite l'acquisizione dei modelli considerati efficaci. Ai modelli acquisiti (i modelli per così dire esterni dal soggetto che interpreta) si affiancherebbero poi, durante il percorso di cambiamento, quei modelli già in possesso del "paziente", ovvero quelli ottenuti dalle esperienze pregresse positive che appartengono al suo passato.

Per programmare al meglio la propria mente applicando le tecniche consigliate dalla Programmazione Neuro Linguistica per prima cosa è importante imparare a conoscere il linguaggio segreto della mente stessa. **La mente è la nostra migliore alleata** (vedi paragrafo precedente).

Lo abbiamo scritto per esteso più volte l'acronimo PNL che significa letteralmente Programmazione Neuro-linguistica. Questa definizione, voluta dai due padri fondatori Richard Bandler e John Grinder (noti per essere rispettivamente uno un informatico e l'altro un linguista), non la si può (di certo) considerare casuale.

Mi ricollego alle loro definizioni (nel tempo pubblicate) secondo le quali *l'acronimo PNL condensa i tre princìpi essenziali del sistema della Programmazione neurolinguistica*:

- ☐ Il cervello ("neuro") è da considerarsi programmabile e riprogrammabile (da qui deriva la scelta del termine "**programmazione**").

- ☐ Il cervello ("neuro") conosce ed interpreta la realtà sempre attraverso il linguaggio (da qui deriva la scelta del termine "**linguistica**").

☐ Il cervello ("neuro") è programmabile ("programmazione") attraverso il linguaggio ("linguistica").

Sin qui, ho provato a spiegarti qual è il cuore di tutto il sistema della Programmazione Neuro Linguistica, a quali principi fa riferimento (successivamente faremo un breve accenno al contesto storico nel quale si è sviluppata) e perchè è importante, al fine di attuare una qualsiasi trasformazione professionale ed individuale al seguito della quale sarà possibile, per te, trarne benefici reali e concreti.

"Le convinzioni determinano le azioni. Le azioni determinano i risultati che ottieni e i risultati determinano le convinzioni che crei" - sempre. Ed allora se queste convinzioni sono sbagliate, di conseguenza siamo portati a compiere azioni sbagliate che, a loro volta, non faranno altro che determinare risultati invalidanti per noi e/o per la nostra azienda, che ci indurranno alla creazione di convinzioni nocive, ecc... E' tutta una grande ruota dalla quale si fatica a scendere, come un cane che fuoriosamente tenta di mordersi la coda.

Affidarsi alla conoscenza delle tecniche della Programmazione Neuro Linguistica ed applicarle al campo delle vendite vuol dire **essere in grado di utilizzare i processi di comunicazione del cervello (più precisamente della mente - cervello) per modificarli, riprogrammandoli con il linguaggio stesso.**

4.2 Il cambiamento è fattibile.

"La vera spiritualità è rendersi conto che, quando vibri di vera gioia, le persone attorno a te cominciano a fare lo stesso".

(Bandler)

Quando si fa riferimento alla Programmazione Neuro Linguistica si farimento anche al concetto di **Mappa** e di **Territorio**. Dobbiamo tenere a mente che alla PNL non interessano, nello specifico, i contenuti psichici o i motivi psichici che spingono l'uomo ad assumere un dato comportamento, ma *interessano i processi psichici.*

Faccio un esempio concreto in quanto soggetto ed interprete della mia realtà.

Sapere che ho maturato, nel tempo, una scarsa capacità di dimostrare affetto dando la colpa alla mia famiglia ("Se sono così è solo perchè mia madre non mi ha mai fatto un complimento...", "Non so cosa significhi dire ti voglio bene perchè a me nessuno l'ha mai detto", ecc), non condurrà di certo alla soluzione del problema: che è in questo caso specifico, riguarda il problema della anaffettività.

Andare alla ricerca delle motivazioni e delle cause che hanno generato il problema dell'anaffettività per risolverlo *partendo dalla sua radice, vuol dire interessarsi del motivo psichico, e non è certo questo ciò di cui si occupa la Programmazione Neuro Linguistica.*

Alla PNL interessa il processo attraverso il quale io, soggetto, arrivo a formulare le mie ipotesi; il modo attraverso il quale io sono in grado di vivere le mie esperienze (cioè il modo in cui riesco ad arrivare alla conoscenza soggettiva del mondo, alla sua interpretazione).

Poniamo il caso che io abbia maturato nel corso della mia vita una consapevolezza empirica forgiatasi sulla base della mia grande anaffettività; in parole povere: poniamo il caso che la mia interpretazione del mondo si sia forgiata sulla base della mia anaffettività. E' ovvio che se fossi stata una persona passionale la mia interpretazione soggettiva della realtà sarebbe stata di gran lunga differente.
Bene. Tutti questi processi **attraverso il quale io, soggetto, arrivo a formulare le mie ipotesi** avvengono attraverso il linguaggio (faccio riferimento al linguaggio non solo razionale ma a quello meglio conosciuto come *linguaggio intra-psichico*: immagini, voci, suoni, sensazioni, richiami emotivi, e così via).

Facciamo un altro esempio pratico. Io sono un venditore anaffettivo, anzi, assolutamente anaffettivo, nella vita privata. Questa condizione ha condizionato la mia esistenza ma ha creato dei processi tali per i quali io abbia oggi la visione che ho del mondo. Ora. Niente di sbagliato nel desiderare di continuare a vivere una vita adagiandosi in questa condizione di anaffettività.
Ma se io, invece, soffro per questa mia condizione che mi porta ad assumere atteggiamenti (sia in pubblico che in privato) sbagliati, dannosi per me e per chi mi sta accanto ("come farò, così facendo ad essere empatico con un mio cliente?") allora non posso fare altro che decidere di attuare un cambiamento.

E sapere che, questo cambiamento, è fattibile.
Per trasformare la mia condizione cosa devo fare? Per riprogrammare il mio cervello devo partire dal riprogrammare il mio linguaggio attraverso il quale io comunico, a me stesso, la mia esperienza del mondo.

Esattamente. Bisogna cambiare linguaggio se si vuole attuare un cambiamento e riprogrammare il proprio cervello. Pensiamo. Se fino ad ora, da buon venditore qual ero, ero solito imbattermi in un cliente dalle x caratteristiche al quale rispondevo (sgarbatamente) sempre nel medesimo modo, (perchè il mio carattere, la mia esperienza di vita mi avevano indotto ad essere una persona scontrosa), allora non dovrò fare altro che iniziare a vedere quella solita situazione da una diversa prospettiva e comunicarmela, usando un linguaggio diverso, un linguaggio appropriato, che mi renda giustizia.

Io vivendo creo delle esperienze; il modo in cui me le racconto farà la sostanziale differenza da qui in avanti. Lo stesso vale per te. E' questo ciò che devi memorizzare attentamente.

Puoi liberarti solo in un secondo momento dei tuoi schemi mentali e riprogrammare i cosiddetti paradigmi che hai costruito (o che ti sono stati inculcati) ma, prima, devi *partire dal riprogrammare il tuo linguaggio attraverso il quale tu comunichi, a te stesso, la tua esperienza del mondo.*

Non esiste una realtà oggettiva; è impossibile che tu possa scovare all'esterno una realtà neutra. E' solo dentro di noi che si formano le nostre idee, che prendono vita le nostre interpretazioni e la nostra esperienza è permeata, filtrata, da questo continuo movimento di realtà soggettiva che si agita in noi.

Quotidianamente ci comunichiamo qualcosa o meglio tendiamo a spiegarci la nostra percezione della realtà; la mia esperienza è sempre una interpretazione. *Ora che lo so, posso intervenire. Posso cambiare quel linguaggio con il quale ero solito comunicarmi la mia realtà, per migliorare, per diventare ciò che da sempre desideravo di essere, per raccontarmi quello che davvero voglio raccontarmi.*
Ecco che, così facendo, inizieremo a tendere verso la (RI -)

Programmazione Neuro Linguistica.

Dopo queste interessanti spiegazioni potrebbe sorgerti un dubbio allora, che ti spingerà a formulare delle domane come le seguenti: così come l'esperienza della realtà è sempre soggettiva, a questo punto, anche il linguaggio che uso per fare esperienza della realtà non dovrebbe essere, allo stesso modo, soggettivo? Non dovrebbe cambiare da individuo a individuo?
Ed ancora... Se ognuno utilizza un proprio linguaggio, come si possono stabilire dei criteri che siano validi per tutti? Queste che chiamiamo Mappe, sono forse universali?

Stando al risultato del lavoro svolto dai due padri fondatori della PNL, Bandler e Grinder, sappiamo che *sì, **tutti comunichiamo allo stesso modo,** ovvero tutti comunichiamo utilizzando lo stesso lingaggio, le stesse strutture linguistiche.
Ma la **Programmazione Neuro Linguistica si occupa costantemente di sviluppare (ed affinare con metodo) la comprensione di tutti quegli schemi linguistici attraverso i quali non soltanto comunichiamo, ma comprendiamo e facciamo esperienza della realtà.**

Saper utilizzare la PNL (in questo caso nel campo delle vendite) ed essere a conoscenza delle sue tecniche, significa conoscere questi schemi linguistici e saperli applicare quotidianamente, dinnanzi ad ogni singola situazione professionale e non.

Cosa ti offre dunque la Programmazione Neuro Linguistica che altre discipline non riescono ad offrirti? ***Ti offre la possibilità, reale, di riprogrammare la tua mente per vivere meglio.***

4.3 Breve accenno storico sulla nascita della PNL.

"Non perdiamo di vista i fattori più importanti per il successo: impegno, passione per fare la differenza, visione per anticipare i cambiamenti e coraggio per far muovere le cose".

(Larraine Matusak)

Ora che sei venuto a conoscenza, in modo più dettagliato, dei tre principi della Programmazione Neuro Linguistica, che sono il fulcro attorno al quale si erge l'intero sistema, puoi iniziare a riprogrammare con successo il tuo cervello, la tua mente e la tua vita professionale.
Hai imparato che:

- *Il cambiamento è fattibile, reale e concreto.*

- *La PNL ti offre la possibilità, reale, di riprogrammare la tua mente per vivere meglio.*

- *Per riprogrammare il mio cervello devo partire dal riprogrammare il mio linguaggio attraverso il quale io comunico, a me stesso, la mia esperienza del mondo.*

- *Alla PNL interessa il processo attraverso il quale io, soggetto, arrivo a formulare le mie ipotesi; il modo attraverso il quale io sono in grado di vivere le mie esperienze (cioè il modo in cui riesco ad arrivare alla conoscenza soggettiva del mondo, alla sua interpretazione.*

☐ *Che io posso intervenire. Posso cambiare quel linguaggio con il quale ero solito comunicarmi la mia realtà, per migliorare, per diventare ciò che da sempre desideravo di essere, per raccontarmi quello che davvero voglio raccontarmi.*

La Programmazione Neuro Linguistica è il risultato di un'idea che si è sviluppata a partire dall'incontro di due menti geniali (John Grinder e Richard Bandler) e destinata a germogliare, nel corso degli anni, perchè ha trovato sempre più terreno fertile in cui radicarsi.
Oggi la PNL continua a produrre i suoi frutti e ci mette a disposizione tutti quegli strumenti utili alla riprogrammazione della propria mente, per trasformare in meglio la vita, in qualunque momento lo si desideri.

C'è sempre il tempo, se realmente lo si desidera, di imparare ad applicare le strategie comunicative della PNL, l'importante è la consapevolezza di poter cambiare (come abbiamo ripetuto più volte): *noi possiamo cambiare.*
E' ovvio che la qualità del risultato dipenderà dalla propria abilità. Fare in modo che avvenga il cambiamento è un'operazione che richiede sicuramente del tempo; resta di fatto che, più ti conosci (più conosci i tuoi pregi ed i tuoi difetti), più approfondisci (impari a capire cosa non va del tuo modo di porti nei confronti del cliente, cosa non va nel tuo modo di comunicare, analizzi quali sono gli atteggiamenti svantaggiosi per te e per la tua carriera) e usi gli strumenti della PNL, più diventerai abile; insomma, alla fine diventerai un vero professionista.

Per i più curiosi, inserisco ora un piccolo accenno storico inerente al momento in cui è nata la Programmazione Neuro Linguistica. Prendetela come una lettura di semplice e facoltativo approfondimento, niente di più. Se non siete interessati, saltatela pure ed andate oltre.

Era l'anno 1970 quando l'allora neolaureato all'Università di Santa Cruz in California, Richard Bandler, ed uno dei professori di quella stessa Università, John Grinder, decidevano di comune accordo di iniziare a studiare le caratteristiche della comunicazione che, in quegli anni, veniva utilizzata da alcuni degli psicoterapeuti più noti del tempo i quali, dominavano l'interno panorama medico.

I due erano erano fortemente attratti da un tipo specifico di comunicazione, quella che fosse in grado di produrre reali cambiamenti nell'individuo contribuendo ad apportargli, anche, notevoli guarigioni. Richard Bandler E John Grinder puntavano, dunque, ad una comunicazione *che risolvesse in modo efficace e con una certa spiccata continuità, come i due dichiaravano pubblicamente.*

Sulla base del loro fortuito incontro, delle loro congetture e delle loro ipotesi di lavoro, i due davano vita alla *Programmazione Neuro Linguistica, definendola come un metodo di comunicazione estremamente efficace e finalizzata ad un miglioramento concreto della propria vita personale; un sistema di life coaching, self - help e counseling inteso dai due padri fondatori come un approccio alla comunicazione, allo sviluppo personale ed alla psicoterapia.*

Durante le loro continue ricerche, Bandler e Grinder iniziavano ad osservare, in particolar modo, il modus operandi di tre grandi terapeuti. Conoscevano e frequentavano, in primis, Fritz Perls (terapeuta Gestalt) nel Centro di Esalen in California.
Dopo avere analizzato il metodo di lavoro di **Perls**, i due iniziavano ad avvicinarsi al metodo di comunicazione promosso da Virginia **Satir**, medico donna, in gamba e molto

preparata nella terapia di famiglia.

I due erano sicuramente più attratti dal modello della Satir, della quale ne apprezzavano la grande capacità di empatia, rispetto a quello di Perls; così, il peculiare stile terapeutico della Satir portava, sia Grinder che Bandler, a porre una grande attenzione al linguaggio da lei utilizzato durante le sue sedute di lavoro e dal quale, successivamente, molti dei loro modelli linguistici arrivavano a fare riferimento.

Nello stesso periodo l'antropologo Gregory Bateson consigliava a Bandler, che era un suo grande amico, di analizzare anche il lavoro di Milton H. *Erickson*, un medico molto famoso a quel tempo; Erikson era conosciuto per essere uno dei maggiori esperti di ipnosi clinica.
Anche dall'incontro con Erickson venivano estratti modelli di comunicazione di straordinaria efficacia che, da un certo momento in poi, Grinder e Bandler iniziavano a riproporre in psicoterapia.

Dall'imitazione (o modellamento) di questi tre grandi terapeuti: Perls, Satir ed Erikson, Grinder e Bandler arrivavano alla pubblicazione di due libri molto importanti che segnavano, così, le loro rispettive carriere: *"La struttura della Magia"* e *"I modelli della tecnica ipnotica di Milton H. Erickson"* (editi in Italia da Astrolabio).

Verso la fine degli anni '70, un allievo (particolarmente brillante) di Bandler, Robert Dilts, con la collaborazione del maestro incominciava a sviluppare alcune tecniche utili per migliorare la teoria sulla Programmazione Neuro Linguistica. Dilts è noto oggi *come colui che si è avvicinato, per primo, alla Programmazione Neuro Linguistica in modo scientifico, iniziando a svilupparla e a procedere sempre verso questa direzione.* Molto famosi sono, ancora oggi, i lavori di Dilts sulla ricerca e sullo sviluppo in merito alla PNL che spaziano *dalle applicazioni aziendali alla cura di malattie ritenute incurabili.*

Dopo il primo decennio la diffusione della Programmazione Neuro Linguistica cresceva considerevolmente grazie all'ulteriore pubblicazione di tre libri importantissimi (ed. italiana: Astrolabio): *"La Metamorfosi Terapeutica"*, *"Ipnosi e Trasformazione"*, *"La Ristrutturazione"*.

Numerosi ricercatori si univano agli studi di Grinder e Bandler e contribuivano apportando informazioni aggiuntive o presentando ipotesi di lavoro nuove; ed il loro aiuto era, a quel tempo, più che considerevole. Fra questi ricercatori citiamo Leslie Cameron Bandler, David Gordon (noto autore del libro *"Metafore Terapeutiche"*), Stephen Gilligan.

A metà degli anni '80 un giovane promettente Anthony Robbins partecipava ai corsi di Programmazione Neuro Linguistica di Bandler e Grinder poichè ne aveva captato la grande importanza e la straordinarietà della metodica. All'età di soli 24 anni, Robbins scriveva il libro *"Come ottenere il meglio da sé e da gli altri"* (edito in Italia da Bompiani) che divenne, in seguito, un best selller mondiale. *"Come ottenere il meglio da sé e da gli altri"* è stato un libro che ha contribuito a divulgare la Programmazione Neuro Linguistica e a renderla accessibile a tutti.

Oltre alla pubblicazione del libro, Robbins divulgava la P.N.L. tenendo corsi (sempre più numerosi) frequentati da migliaia di persone provenienti da ogni parte del mondo. Contemporaneamente Richard Bandler diventava d'improvviso il punto di riferimento (su scala mondiale) dei corsi di specializzazione in Programmazione Neuro Linguistica sempre più accessibili al pubblico.

Da un certo momento in poi, John Grinder si ritirava dalla carriera accademica con l'obiettivo di dedicarsi prevalentemente alla formazione presso le grandi aziende. Poco tempo dopo, Dilts si trasferiva presso l'Università di Santa Cruz; gli Andreas si trasferivano in Colorado.

Tad James è stato uno degli ultimi allievi di Bandler il quale aveva pubblicato la descrizione di alcune interessanti tecniche in un libro intitolato dal titolo *"Time Line"* (Ed. Astrolabio); poco tempo dopo, si distaccava da Bandler per trasferirsi e lavorare alle Hawaii.

Attualmente la ricerca continua nel campo della Programmazione Neuro Linguistica continua grazie al lavoro di Bandler, di Grinder, di Dilts e di tanti Trainer che continuano, oggi, a riscuotere un notevole successo.
Richard Bandler continua il suo lavoro affiancato da John La Valle, uno straordinario formatore e consulente specializzato nelle più avanzate applicazioni della PNL al business ed alla persuasione, (co-autore, con Bandler, del libro Persuasion Engineering, ed. Nlp Italy).

Bandler continua la sua opera e recentemente, sviluppando gli studi sulle submodalità, ha creato le tecniche denominate DHE (Design Human Engineering). Assieme all'amico compositore Denver Clay ha inciso una serie di CD che sono il risultato della combinazione di modelli linguistici con musica e suoni, chiamata *Neuro-Sonics*.
Solo poco tempo fa, Bandler ha presentato il suo ultimo lavoro intitolato *NHR (Neuro Hypnotic Repatterning)* ovvero, un insieme di metodologie principalmente basate sull'utilizzo di sofisticati modelli linguistici per indurre rapidamente nell'individuo il cambiamento.

Come abbiamo visto, le applicazioni della Programmazione Neuro Linguistica si ampliano sempre di più ovvero si muovono, velocemente, verso nuovi campi (dalla psicoterapia alla comunicazione efficace, dall'apprendimento rapido alla vendita e al business, dalla comunicazione in pubblico alla leadership, dalle prestazioni sportive al benessere psico-fisico fino a toccare il campo della salute).

Possiamo concludere questo paragrafo confermando che, la PNL basandosi sul principio del "modellamento" (di imitazione) di persone straordinarie è sicuramente, oggi, la scienza più all'avanguardia che esista poichè *offre modelli, strategie, risorse e tecniche utilizzabili da chiunque (e sottolineo chiunque) abbia l'intenzione di migliorare (realmente) la sua vita.*

4.4 Bandler, un po' di life coaching non guasta.

"Oggi prendi una decisione che hai sempre rimandato, e domani fai la stessa cosa. Allenerai il muscolo che potrà aiutarti a cambiare la tua intera vita".
(Alfred A. Montpart)

Negli ultimi anni ho letto alcuni dei libri scritti da Richard Bandler.
Ad esser sinceri oltre ad verli letti li ho anche studiati, nel senso di aver fatto in modo di memorizzarne quelle che erano, a mio parere, le frasi motivazionali più significative.
Con il tempo si sa, la memoria vacilla, non potrei citarle qui senza prima riprenderle in mano; ma sono sicura che i concetti, ah sì, quelli, potrei ribadirteli all'istante.

Ricordo di essermi avvicinata a Bendler perchè, in un momento importante della mia vita, mi si era palesata la necessità di cambiare. Provai con la meditazione, con lo yoga, con la psicoanalisi, con l'attività sportiva; mi capitò anche di fare un mix fra le cose, in alcuni casi.
Il risultato fu un insieme complesso di intersezioni fra queste. Insomma, una grande confusione, a pensarci adesso. Cercavo di recuperare, in tutti i modi possibili, la fiducia in me stessa, la positività, il coraggio che mi avrebbe portata a cambiare, *a lasciar andare per "divenire"ed andare "oltre"*.

Sapevo bene che molti degli atteggiamenti che assumevo e dei modi di parlare con i quali mi confrontavo con l'altra persona erano in frutto di ciò che mi ero convinta di essere, fino a quel momento. Io avevo costruito la mia realtà filtrandola, costantemente, con le mie interpretazioni soggettive. Mi recavo danno, (detto chiaramente ed in parole povere), da sola perchè ero convinta che quel modo di parlare, di rapportarmi, di fare (in base a quella che era la mia storia) era l'unico modo del quale fossi capace. E mi sbagliavo di grosso. Se avessi saputo che, riproggramando la mia mente, e prima ancora il mio linguaggio, avrei ricominciato a vivere, probabilmente non ci avrei mai creduto.

Mi parlarono di riprogrammazione degli schemi mentale, di linguaggio, di paradigmi, nello specifico di Programmazione Neuro Linguistica e lì ne fui subito rapita. Mi avvicinai, così e per queste ragioni, alla PNL in modo più che consapevole, e tentai il cambiamento.
Non che sia stato un processo semplice, anzi. *Ma è necessario. E questa necessità mi ha concesso di attuare un processo reale, concreto, fattibile per me (così come potrebbe esserlo per chiunque altro). Basta essere disposti a mettersi in gioco e a fare i conti con se stessi, e fidati che*

questa è senza dubbio la parte più difficile.

Ho scelto di inserire all'interno di questo libro alcune delle frasi più belle di Bandler e che più mi hanno colpito sperando che abbiano lo stesso effetto su di te che stai leggendo in questo momento; le sue frasi ed i suoi aforismi a proposito di mappe mentali e di riprogrammazione mentale, linguistica viste da un punto di vista molto più umano, il punto di vista di Bandler.

Se le leggerai con l'attenzione che meritano, sapranno guidarti nel percorso professionaleche deciderai di intraprendere.

Ho ribadito più volte l'importanza del ruolo di Bandler (dal punto di vista della Programmazione Neuro Linguistica) e la risonanza dei suoi scritti all'interno del panorama del Marketing applicato alle vendite.

Ma chi è Richard Bandley?

Richard Wayne Bandler nasce il 24 febbraio 1950 (Jersey City).

E' uno psicologo, un saggista, un linguista, un counselor e life coach statunitense dei migliori al mondo. Ha dedicato la sua vita intera all'insegnamento ed alla saggistica. *Molto del lavoro di Bandler sulla PNL riguarda le applicazioni delle submodalità, cioè delle sottili distinzioni che esistono nelle personali esperienze sensoriali e le loro rappresentazioni interne.*

Il suo passato da musicista e l'interesse per l'impatto neurologico del suono lo hanno portato a sviluppare l'area della neurosonica, una disciplina che utilizza la musica ed il suono per creare specifici stati interiori.

Oggi, fra i suoi libri più noti troviamo: *"Usare il cervello per cambiare"*, *"Guida per l'esperto alla submodalità"*, *"PNL è libertà"*, *"Vivi la vita che desideri con la PNL"*, *"Il potere dell'inconscio e della PNL"*.

4.5 Aforismi di Bandler, e molto di più...

"Hai bisogno dell'obiettività che ti permette di dimenticarti di tutto ciò che hai sentito prima per portare a termine uno studio esattamente come lo farebbe uno scienziato".
(Steve Wozniak)

Siamo entrati nel cuore della **Programmazione Neuro Linguistica applicata alle vendite**.
Abbiamo compreso a fondo il suo significato ed è stato necessario fare un passo indietro segnalando qualche elemento storico - culturale in riferimento al contesto in cui la PNL ha avuto origine.

Abbiamo detto che esiste una legge di attrazione che trova origine nella propria forza mentale, la stessa che ci permette di attirare verso di noi tutto ciò che desideriamo, se solo ci crediamo realmente.
Abbiamo specificato però anche che, per farlo, non è sufficiente crederci; abbiamo bisogno di alcuni strumenti per raggiungere in nostri obiettivi e, per non perdersi nell'oceano di questa ricerca, abbiamo bisogno necessariamente di un metodo che ci indichi la strada giusta da percorrere.
Starò solo a noi scegliere se percorrere quella del bene e quella del male.

La strada del bene, in questo caso, ci indica il corretto comportamento da assumere in presenza dei nostri clienti, le giuste parole da usare, la capacità che abbiamo di sfruttare il momento in base alla predisposizione che siamo in grado di percepire dell'altro.

Ecco, la strada del bene ci consente di ottenere *esattamente questo: la capacità di anticipare il desiderio di chi ci ascolta, di comprendere cosa vuole realmente* (domandarsi se il nostro servizio è efficace per lui, se possiamo soddisfarlo, se è noi che sta cercando davvero).

Una volta che le risposte saranno tutte affermative allora dall'idea, che anticipa il nostro processo di cambiamento, passaremo all'azione focalizzandoci sulla sfera linguistica e comportamentale.

Abbiamo visto come sbagliare una sola parola o assumere un atteggiamento sbagliato sia dannoso per la nostra professione. Quando un venditore si domanda il perchè delle sue numerose vendite mancate, attua due atteggiamenti possibili:

a) o si scervella formulando ipotesi errate, e si lascia andare ad infinite seghe mentali, ("io non li capisco, offro loro un servizio ottimo e cosa fanno? DEVONO PENSARCI!Devono pensarci! Ma pensare a cosa???", "NON HANNO TEMPO, VORREBBERO MA NON è IL MOMENTO GIUSTO!!! Ma a cosa devono pensare??? Io lo avrei comprato!, Io avrei riposto fiducia in uno come me!", ed altre frasi simili..);

b) o si passa una mano sulla coscienza, ed agisce Ma agisce seriamente.

Come la Programmazione Neuro Linguistica insegna, non ci si deve mai e poi mai allontanare dal problema principale che, in questo caso, è semplice: *se un venditore non ha venduto è perchè non ho saputo farlo (in primis), in secondo luogo è perchè non ha mirata al suo target specifico.*
Lui deve sempre sapere a chi rivolgersi, deve sapere dove

farlo, deve sapere in che modo e deve sapere quando farlo.

Ricordiamo sempre che:

☐ *Ogni parola che diciamo produce un effetto positivo o negativo, in entrambi i casi ha delle conseguenze.*

☐ *Ogni gesto che mostriamo produce un effetto positivo o negativo, in entrambi i casi ha delle conseguenze.*

Veniamo al punto focale del nostro discorso:

☐ *Dobbiamo ricordarci sempre che sia la comunicazione verbale (la parola) che la comunicazione non verbale (i gesti, le espressioni) producono un effetto positivo o negativo, nel bene e nel male; e che ogni cliente non è noi e noi non siamo loro. Ognuno vive la propria personale realtà fatta di desideri soggettivi, ambizioni soggettive, bisogni soggettivi, aspettative soggettive che restano circoscritte alla sfera dell'io.*

Una volta che sarà avvenuto in te il cambiamento, sarai solo tu a dover comprendere il giusto modo in cui rapportarti con il cliente affinchè le tue parole pronunciate sortiscano l'effetto voluto, in questo caso parliamo di un acquisto.
Riuscirai a rendere il tuo servizio o prodotto unico solamente nel momento in cui le tue parole lo avranno reso tale; e non saranno le stesse che pronuncerai con tutti! No! Dovrai essere abile a modificarle, adattarle, in base a chi avrai di fronte. **Che lo vogliamo o meno, questa è l'unica realtà con la quale il venditore deve fare i conti.**

=> *Noi otteniamo in base a ciò che diamo.*

Se vuoi spiccare il volo, questo devi saperlo. E lo devi accettare.

Se lo hai già accettato puoi proseguire nel tuo percorso di crescita per emergere come un vero professionista del settore. La Programmazione Neuro Linguistica applicata al campo delle vendite ti permetterà, gradualmente, di comprendere quale sarà il miglior approccio linguistico da utilizzare di fronte a quella che è oggi una realtà lavorativa sempre più segmentata, sempre più individualizzata, sempre più privatizzata.

Portare verso di sè l'oggetto desiderato è difficile, lo so, e non è di certo una sequenza di atti improvvisati e/o casuali; e non è sicuramente un gioco da ragazzi. Per questo è necessario un metodo (del resto, come in tutte le cose).
Per questo stai leggendo ora questo libro.

L'Oxford English Dictionary descrive la PNL come: *un modello di comunicazione interpersonale che si occupa principalmente della relazione fra gli schemi di comportamento di successo e le esperienze soggettive, (in particolare gli schemi di pensiero) che ne sono alla base.*

La PNL è agisce, (sempre in riferimento alla descrizione data dall'Oxford English Dictionary), come *un sistema di terapia alternativa basato su questo che cerca di istruire le persone all'autoconsapevolezza e alla comunicazione efficace, e a cambiare i propri schemi di comportamento mentale ed emozionale.* L'obiettivo principale che ha portato alla nascita della Programmazione Neuro Linguistica era quello di inventare una metodologia in grado di individuare *delle modalità per aiutare le persone ad avere vite migliori, più complete e più ricche.*
Per questo stai scegliendo la PNL.

Durante una conferenza pubblica, a proposito dell'acronimo PNL, Bandler spiega che:
"Il termine PNL allude ad un connubio esistente fra la mente ed i suoi processi neurologici (*neuro*), il linguaggio (*linguistico*) e gli schemi comportamentali che sono stati appresi con l'esperienza (*programmazione*)".
Pertanto, secondo Bandler, questi schemi non solo possono essere organizzati, ma possono consentire, a chiunque lo volesse per la propria vita, il pieno raggiungimento di ogni singolo obiettivo.

Perchè credere, dunque, nella forza della Programmazione Neuro Linguistica intesa come *un sistema di terapia alternativa basato su questo che cerca di istruire le persone all'autoconsapevolezza e alla comunicazione efficace*, e non ad altre terapie? Cosa può in più la PNL a confronto con le altre?

La risposta ce la dà sempre Bandler (stando alle sue dichiarazioni pubbliche): *"La Programmazione Neuro Linguistica, rispetto a tutte le altre discipline, parte dal presupposto secondo il quale gli esseri umani erano (e sono) letteralmente programmabili".*
Se tutti possono essere letteralmente programmabili, tutti possono riuscire nel cambiamento reale. Non esistono scuse.

«Quando ho cominciato a usare il termine programmazione le persone si arrabbiarono veramente. Hanno detto cose come: "state dicendo che noi siamo come le macchine. Siamo esseri umani, non robot" - spiega Bandler, «Ciò che stavo dicendo veramente era proprio l'opposto. Siamo la sola macchina che può programmarsi. Siamo auto-programmabili. Possiamo impostare programmi deliberatamente progettati e automatizzati che funzionano da soli per occuparsi di noi ose mansioni terrene, liberando così le nostre menti per fare altre cose più interessanti e creative.»

Alcune persone *si arrabbiarono veramente* - dice Bandler, non capirono l'importanza della Programmazione Neuro Linguistica. Si convinsero che l'approccio che egli aveva nei confronti delle persone era *offensivo*.

Attorno agli anni '70, quando si iniziò a parlare seriamente di Programmazione Neuro Linguistica, non fu affatto facile spianare il terreno; le credenze ed i dogmi poi, (come tutti sappiamo), sono le "cose! più difficili da smontare, o meglio da riprogrammare. Nessuno credeva alle parole di Bandler; nessuno persava che fosse realmente possibile una riprogrammazione del proprio linguaggio, della propria mente e che tale riprogrammazione portasse ad un miglioramento (notevole) della propria esistenza se non, addirittura, ad un ribaltamento di questa.

Eppure, Bandler non mollò. Durante ogni conferenza, ovunque presenziasse non perdeva l'occasione di ribadire il concetto sul quale aveva fondato la Programmazione Neuro Linguistica; "*possiamo liberare le nostre menti* - diceva - *per fare altre cose più interessanti e creative.*
Possiamo impostare programmi deliberatamente progettati e automatizzati che funzionano da soli per occuparsi di noiose mansioni terrene".

Liberare la mente e puntare al creativo - questo era importante, secondo Bandler. In uno dei suoi libri egli scrive che:

"*Il pensiero della Programmazione Neuro Linguistica si fonda sul principio secondo il quale ogni individuo è in grado di creare la propria percezione del mondo, e questa percezione nasce dall'interazione dei suoi gesti, dei suoi pensieri e delle sue parole. Ma la visione del mondo (quella che io chiamo la mappa mentale) può essere modificata in qualunque momento in modo da riuscire a potenziare (e migliorare) sia le proprie prestazioni lavorative che percezioni lavorative".*

A questo punto, riflettendo su quanto detto sino ad ora, comprendiamo l'importanza che può avere per noi l'avvicinarsi al mondo della Riprogrammazione Neuro Linguistica se vogliamo che davvero la nostra vita cambi.
Perchè? *Perchè il più delle volte non siamo assolutamente consapevoli di essere (noi stessi) gli unici ad ostacolare la nostra crescita; non ci accorgiamo che siamo proprio noi ad imporci dei dei limiti e, così continuando, ci creiamo problemi, talvolta inesistenti.*
Sabotiamo la nostra vita, inconsapevolmente o consapevolmente.
E' un'amara verità: noi siamo gli unici sabotatori della nostra vita.

Mettimo il caso in cui lo facessimo con piena consapevolezza, che ci rendessimo davvero conto di quanto danno ci facciamo ma che non decidessimo di fare niente per migliorare la nostra condizione. Immaginiamo: sappiamo i nostri limiti, li riconosciamo nelle circostanze di vita quotidiana, (talvolta li odiamo anche), ma continuiamo a commettere sempre gli stessi errori. Perchè lo facciamo? Perchè siamo masochisti? Forse è proprio così.

Quando ci rendiamo conto che non traiamo alcun vantaggio dal modo in cui ci poniamo e dal linguaggio che usiamo e non agiamo per apportare un reale cambiamento nella nostra vita, allora siamo dei veri masochisti e non abbiamo alcun amore per la nostra persona.
Riconoscere la necessità di attuare una trasformazione in meglio nella vita, è l'espressione più grande di amore che

possiamo manifestare nei confronti di noi stessi.

Mi viene in mente una frase che voglio condividere con te, che credo possa farti riflettere: *"Nemmeno il tuo peggior nemico può farti più male di quanto possano fare i tuoi pensieri" - Buddha.*

E' esattamente così. Però, purtroppo, per comprenderlo dobbiamo prima farci del male, cadere ed imparare sulla propria pelle cosa vuol dire prendere una botta in faccia. E poi (forse) si cambia.

Ahimè, in tutto questo c'è una grande verità ed è che dal dolore causato dall'errore non si scappa, si è costretti a passare inevitabilmente attraverso questo per migliorare (può anche essere che tu, che stia leggendo, sia alle prime armi e che abbia scelto di acquistare questo libro semplicemente perchè desideri imparare ancor prima di iniziare sul serio la tua professione. Ecco, in qesto caso, tu sei stato il più furbo di tutti noi, perchè hai capito, prima di me in primis, come si fa nella vita).

Quante volte, nel corso della nostra vita, ci siamo colpevolizzati per gli errori commessi: un contratto di lavoro saltato, una relazione interrotta a seguito di molte incomprensioni o, perchè no, un comune e banalissimo litigio. E sì, in molte situazioni ci siamo colpevolizzati, perchè la verità è che ogni persona tende (con il senno di poi) a ripensare (all'ennesima potenza) a ciò che avrebbe potuto dire o fare in un determinato contesto e che invece, per incoscienza/ inesperienza/ e così via, non ha detto o fatto.
Un colpo di pistola e si parte!!! Via alle seghe mentali: "Ma come ho potuto rispondere a quel modo?", "Come ho fatto a non convincerlo? Ero ad un passo dalla chiusura di quel contratto! Non dovevo dire quello che ho detto...", "E' solo colpa mia se adesso mi trovo in questa situazione!", "Perchè mi comporto così? Perchè mi devo far del male inutilmente?

Dovrei imparare a volermi bene! Forse saprai come comportarmi! Non so fare altro che danneggiarmi", "Se solo usassi la razionalità, se solo riuscissi a controllare la forza dei miei pensieri","Se solo fossi diversa".

"Se solo fossi diversa"

Questa frase, nella sua semplicità, è la ragione più comune che spinge una persona qualsiasi ad avvicinarsi alla Programazione Neuro Linguistica (proprio come è successo a me): ci si arriva per cambiare, per migliorare, per essere liberi da quegli schemi che ci si è costruiti (i cosìddetti paradigmi) che ci inducono a compiere sempre gli stessi errori (nel parlare, nel porsi, nell'agire, nel comunicare, ecc...).

Ricorda sempre che: **se non riusciamo ad essere ciò che vorremmo essere è solo perchè (molte volte) il peggior nemico di noi stessi siamo noi. Per te che leggi, facciamo dunque in modo che questo non accada più.**
Noi POSSIAMO (se VOGLIAMO) apportare profonde modifiche alla nostra vita e conseguire il successo che crediamo di meritarci *solo nel momento stesso in cui acquisiamo la consapevolezza di voler apportare un reale cambiamento, e per farlo, dobbiamo applicare un metodo.*

Non possiamo improvvisare, falliremmo a prescindere. Ma possiamo imparare grazie alla PNL come applicare delle tecniche specifiche che ci insegnano a modificare tutti quei comportamenti che ci danneggiano per sviluppare, invece, reazioni di successo.

Hai capito che (e lo riscrivo affinchè tu possa memorizzarlo meglio):

Bisogna andare oltre i propri limiti, entrare in relazione

con chi ti ascolta (in questo caso il proprio target di riferimento) in punta di piedi, infilarsi nella loro mente per non uscirne più. Con le dovite precauzioni, è ovvio.
Se sei qui è perchè vuoi e devi imparare come farlo.

Niente più parole sbagliate e fuori posto.
Niente più gesti/comportamenti sgradevoli ed invalidanti.
Sei pronto ad imparare cosa dire e quando dirlo, cosa fare e quando farlo, perchè la Programmazione Neuro Linguistica (come più volte ribadito) non accetta *che un'asserzione: non è il cliente a non aver capito, sei tu a non esserti spiegato bene.*

Devi conoscere le parole riposte all'interno di quell'insieme finito dal quale puoi attingere per poter migliorare (niente più "se fossi in lei", "si fidi di me", "non conviene pensarci a lungo", e così via).
E' necessario essere sempre preparati, amico mio, è un metodo invincibile per non perdere, per sbagliare il meno possibile, per ridurre le probabilità di rischio.

Non preoccuparti se al momento sei in preda all'ansia ed alla confusione! Ci sta! So che ti starai chiedendo come farai ad apprendere tutte queste tecniche che riguardano il linguaggio corretto da usare ed il comportamento giusto da avere con i propri clienti, in un lasso di tempo che non tenda a + infinito. *Io posso assicurarti che, una volta appreso l'ABC della Programmazione Neuro Linguistica, tutto inizierà a ruotare in senso contrario e favorevole.* Se da domani inizierai a concentrarti, ed inizierai ad eliminare dal tuo vocabolario quelle brevi frasi scomode (che ti ho citato nei paragrafi precedenti; se non le ricordi ti inviterei a rileggerle) fidati che già qualcosa, nel tuo lavoro, cambierà.

E poi, ovviamente, dovrai continuare a studiare quelle che sono le parole corrette da applicare al tuo settore delle

vendite; studia apprendendo dai libri e trai insegnamenti dalla tua esperienza quotidiana, preoccupati di dedicarti ad un aggiornamento continuativo facendo corsi di formazione; segui le conferenze che abbiano a che fare con la Programmazione Neuro Linguistica, informati sulle nuove ipotesi di lavoro.
Ciò che posso consigliarti è questo: **non devi mai fermarti mai, devi sempre trovare il modo di restare sul pezzo. Vedrai che cavalcare l'onda non ti sarà difficile, il problema sarà poi quello di restare (con entrambi i piedi) a galla. Mettitici sempre la testa.**

Poniamo il caso che tu finisca di leggere questo libro (spero in un batter d'occhio) e che, da domani, decida di applicare questi piccoli consigli che ti ho dato fino ad ora; immaginiamo che la prima settimana di lavoro non vada come speravi che andasse.
Io ti invetierei, a quel punto, a riflettere sulla possibilità di procedere *inseguendo il tuo modello.* Lo fanno in molti, almeno in una prima fase e, come già scritto più volte, in questo hai il pieno supporto da parte della Programmazione Neuro Linguistica.

E' normale che subito l'approccio al cambiamento ti apparirà difficile, ci vorrà del tempo prima di riuscire in questo processo lungo di trasformazione, ("troppo da sapere, troppo da migliorare, troppo su cui ragionare in merito a noi se stessi e ai nostri atteggiamenti, troppo da capire..."). Allora segui, prima di iniziare, questo (ormai citato più volte) consiglio che ti viene dato direttamente dalla Programmazione Neuro Linguistica: *il cuore della PNL è, appunto, il modeling.*
Scegli ora il tuo modello.
Ma non rimandare a domani questa ricerca.
E' importante che tu riesca a trovarlo e che lo senta simile a te, ai tuoi desideri di crescita; è importante che tu sia in grado di rispecchiare in lui i tuoi obiettivi di vita.

Interrompi anche la lettura se preferisci, non mi offendo, l'importante è che ti fermi adesso, in questo preciso momento, e che identifichi il tuo personaggio, quello che per te rappresenta il massimo della genialità, quello che per te è la rappresentazione suprema di ciò che speri di essere (in tutto e per tutto) nella vita. Osserva le sue movenze, la sua gestualità, il suo modo di parlare; compra (se ne ha scritti) i suoi libri o seguilo sui Social Media studiandone l'approccio comportamentale, sia nella vita privata che lavorativa; *immagina di essere lui ed agisci come lui farebbe.*

Ma perchè è così importante scegliere un modello di successo al quale far riferimento sia all'inizio della nostra formazione che durante?

E' importante perchè ti permetterà, sin da subito, di puntare a qualcosa di concreto e non ad un ideale astratto; ti permetterà di ambire a quel qualcosa che questa persona comune è riuscita ad ottenere, mentre tu lo stai ancora immaginando. Quindi in lui tu puoi trovare un punto di riferimento che ti stimoli a crederci e che ti porti a dire "io posso farcela proprio come lui ha fatto prima di me".

Il Modellamento o "modeling" è stata considerata (proprio per questa ragione) *la vera radice della Programmazione Neuro Linguistica*: *modellare strategie di pensieri e comportamenti di persone di "successo" per ottenere risultati nella vita.*

Il concetto alla base è questo: modellare come pensano persone per noi eccellenti, quindi fare propri quegli schemi di pensiero, osservando altri che hanno già raggiunto e vivono i risultati che noi vorremmo ottenere, *stimolando costantemente la nostra mente verso una direzione che possa favorire il conseguimento degli obiettivi professionali.*

Stando alle dichiarazioni di Bandler a proposito del modellamento, secondo la PNL - *"modellare"* vuol dire apprendere in maniera diretta o indiretta comportamenti, atteggiamenti e schemi di pensiero degli altri. *Significa copiare la struttura, l'atteggiamento, i pensieri, le credenze, le domande, la fisiologia di chi ha ciò che altri vogliono ottenere. Si può modellare un'attività sportiva, una performance lavorativa, uno stato emozionale.*

Possiamo fare una distinzione fra **modellamento voluto** e **modellamento indiretto**:

a) il **modellamento indiretto**, è quello che contraddistingue l'atteggiamento dei bambini che imitano (esattamente) le azioni e gli atteggiamenti dei più grandi.
I bambini osservano il mondo ed hanno, verso di questo, un approccio del tutto inconsapevole ed indiretto perchè apprendono dagli esterni, dai terzi. Questo perchè da parte del bambino non c'è alcuna consapevolezza e/o traccia di razionalità; in parole povere un bambino non sceglie di imitare il comportamento dei sui propri genitori, lo fa perchè per lui, loro, sono semplicemente esempi da seguire (per questa ragione è necessario prestare molta attenzione quando si è in presenza di un bambino perchè, lui, è in grado di assorbire qualsiasi comportamento o forma di linguaggio nei primi anni di sviluppo).

b) Il tipo di modellamento verso il quale ci spinge la Programmazione Neuro Linguistica è quello che potremmo definire **analitico**, o meglio ancora **modellamento consapevole e diretto**, è in pratica una forma di modellamento voluto. *Noi vogliamo imitare e scegliamo, consapevolmente, di raccogliere le* *informazioni sul soggetto che desideriamo imitare negli atteggiamenti, nei modi di dire, nell'uso del linguaggio, nel comportamento in pubblico; l'obiettivo finale è di ottenere (si spera) un risultato che si avvicini a lui il più possibile.*

Ovviamente per creare una certa somiglianza non è assolutamente pensabile tentare delle formule casuali di improvvisazione ma è indispensabile lo studio di strategie e tecniche che lo permettano; ciò richiede del tempo, dell'impegno, della precisione e tanta, ma tanta consapevolezza. E' quest'ultima a fare, in ogni circostanza, la differenza tra chi ce la fa e chi no, sai?

Vale la frase (che si sente dire spesso, tra le altre cose): *"se c'è riuscito lui, posso farcela anche io!"*.Ovvio! Certo che puoi farcela! Ma se vuoi farcela, allora devi iniziare a puntare a lui, *con consapevolezza devi iniziare a modellarti.*

A questo punto del libro hai già acquisito gran parte degli aspetti teorici che ti mancavano.
Adesso sai che:

- *Non esistono magie o trucchi in grado di portarti al successo immediato. Il successo si ottiene col tempo, con energia e tanta determinazione.*

- *Raggiungere il successo è possibile e che non è niente di dannatamente inarrivabile.*

- *Come ti muoverai, ciò che dirai, al cospetto di ogni tuo singolo cliente farà sempre la differenza.*

- *Noi possiamo modificare, in qualsiasi momento in cui lo desideriamo, i significati attraverso una trasformazione della struttura percettiva.*

- *Possiamo modellare strategie di pensieri e comportamenti di persone di "successo" per ottenere risultati nella vita.*

- *Che il modellamento è importante perchè ti permetterà, sin da subito, di puntare a qualcosa di concreto e non ad un ideale astratto; ti permetterà di ambire a quel qualcosa che questa persona comune è riuscita ad ottenere, mentre tu lo stai ancora immaginando. Quindi in lui tu puoi trovare un punto di riferimento che ti stimoli a crederci e che ti porti a dire "io posso farcela proprio come lui ha fatto prima di me".*

Abbiamo citato, nei paragrafi precedenti, tre elementi che reputo indispensabili per la tua crescita professionale ed a questi, ora, ne aggiungerei un quarto.
Rivediamoli insieme:

1. La convinzione (*"Quel che faccio è aiutare le persone a sviluppare la convinzione di essere persone splendide, perché quando cominciate a crederlo, cominciate anche a comportarvi di conseguenza: è allora che iniziate a raccogliere fantastici risultati"* - Bandler).

2. L'ottimismo (*"E' importante imparare a sfruttare il grande potere della mente per trasformare i nostri pensieri in realtà, essere ottimisti è la chiave del successo"*).

3. La fiducia verso di sè, verso gli altri, verso il proprio cambiamento (*"Devi credere tu per primo nei tuoi obiettivi e nelle tue capacità altrimenti niente successo, niente vendite, niente collaborazioni, niente realizzazioni; niente di niente"*).

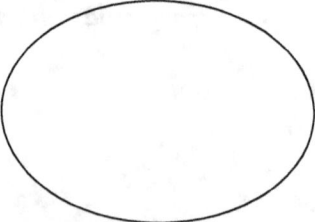

4. La Motivazione

"Se vuoi qualcosa che non hai mai avuto, devi fare qualcosa che non hai mai fatto e devi farla credendoci con tutta la tua forza"
(Thomas Jefferson)

Devi essere, per farcela, un venditore motivato. Questa quarta caratteristica ti sarà estremamente utile. La motivazione ti permette di costruire delle porte che non sapevi di poter costruire; è il motore del cambiamento.
Perchè sai, se non sei motivato, non andrai mai da nessuna parte; ed anche se la strada sarà (molto) spesso tortuosa, non importa quanto tempo ci vorrà per arrivare, ciò che conta è arrivare, nel bene e nel male.

- Luke Skywalker: Bene ci proverò!
- Yoda: No! Non provarci. O lo fai o non lo fai. Non esiste la prova!
(Dal film Star Wars)

Non puoi tentare il cambiamento: lo devi desiderare! Devi crederlo reale e possibile!
Puoi iniziare da ciò che sei oggi per costruire ciò che vuoi diventare; fallo sempre passo dopo passo, non avere fretta.
La fretta non porta ottimi risultati.

Come diceva Sally Berger: *"Il segreto per andare avanti è iniziare"*. Dovrai pur iniziare da qualche parte. E se stai leggendo questo libro è perchè hai hai già iniziato!
Ora ti prego, però, di non mollare e di andare avanti! *Posso*

solo consigliarti di investire su te stesso, perchè è l'unico investimento che paga i più alti interessi.

Secondo la Programmazione Neuro Linguistica la motivazione è uno degli elementi principali nella vita delle persone, ed è tutto ciò che fa la differenza. Pertanto, trova la motivazione in te stesso, in primis e poi, guarda il tuo modello e trova ispirazione in lui; lasciati guidare e quando sei in un momento di sconforto, torna a guardarlo e ad ammirarlo per ricominciare ad imitarlo in modo sempre più consapevole.

Dal tuo modello di vita trai giorno dopo giorno ispirazione; ma quella reale, quella che sai essere la migliore ispirazione per te. Ricorda:
"Il dizionario è l'unico posto dove la parola successo viene prima della parola sudore" - diceva Vince Lombardi.
Perciò, rimboccati le maniche ed inizia a sudare.

Ho intitolato questo paragrafo "Aforismi di Bandler, e molto di più..." perchè, oltre ad attingere dalle sue spiegazioni in merito alla Programmazione Neuro Linguistica (ritoccando i principi attorno al quale la PNL si fonda), reputo importante che tu possa approfondire i tuoi studi facendo riferimento alle parole che Bandler stesso ha pubblicato o pronunciato in una delle sue numerose conferenze, affinchè tu possa farle tue in questo processo di cambiamento e trovare una profonda ispirazione, che io ti auguro di cuore.

A questo punto devi solo crederci:

☐ "I problemi sono inesistenti in mancanza degli esseri umani ai quali sono collegati. Non hanno un'esistenza propria nell'universo. Esistono solamente nelle nostre percezioni e nel nostro dare un senso alle cose".

☐ *"D'abitudine, le persone tendono a sottovalutare il bisogno dell'uomo di fermarsi di tanto in tanto ad annusare i fiori che crescono lungo quel cammino che è la vita. Tutta la loro energia, tutti i loro progetti sono rivolti al raggiungimento del risultato, così non resta spazio per il percorso... La vita va vissuta come un processo, e non come una sequenza di risultati materiali".*

☐ *"Se credete con ogni fibra del vostro essere che esiste una via, probabilmente la troverete".*

☐ *"Un detto tipicamente occidentale è: ci crederò quando lo vedrò. Dovremmo considerare l'dea di riformularlo in questi termini: lo vedrò quando ci crederò. Sarebbe molto più accurato e terrebbe conto del fatto che al cervello umano piacciono le immagini. Infatti, per quanto ne sappiamo noi, esso riesce e dare un senso al mondo soltanto attraverso le immagini".*

☐ *"Non potete convincere le persone che ciò che stanno vivendo non sia la verità. Ci stanno intrappolate dentro proprio perché lo percepiscono come reale".*

☐ *"Prestate scarsissima attenzione a quel che la persona dice di fare e moltissima attenzione a quello che fa".*

☐ *"Le persone aggiungono o sottraggono informazioni per creare i propri modelli del mondo sulla base dei propri filtri... Noi proviamo quello che ci aspettiamo di provare, udiamo quel che ci aspettiamo di udire e, soprattutto, vediamo quel che ci aspettiamo di vedere".*

☐ *"Io non dovrei essere in grado di influenzare la vostra vita, voi non dovreste essere in grado di influenzare la mia, tranne che per mutuo consenso, oppure quando si dà un buon esempio e si dimostra qualcosa".*

☐ *"Le persone OTTIMISTE ottengono risultati migliori praticamente in ogni ambito della vita, rispetto alle loro pessimistiche controparti. Non si tratta di farsi illudere da false speranze, né di negare la realtà dei fatti. Si tratta invece di incoraggiare la convinzione che le cose possano migliorare: il risultato è che, quasi sempre, lo faranno... Significa forse che tutti i vostri problemi si risolveranno con un colpo di bacchetta magica? Non necessariamente: ciò che conta è la CONVINZIONE che ogni situazione, per quanto negativa, POSSA MIGLIORARE in un modo o nell'altro. E' uno dei segni distintivi di coloro che sanno vivere Felici".*

☐ *"La vita va vissuta come un processo, e non come una sequenza di risultati materiali".*

☐ *"La convinzione in merito al fatto che sia possibile farcela è fondamentale affinché tu possa permetterti di compiere le azioni necessarie a farlo".*

☐ *"Se vuoi rendere omaggio a qualcuno, spingiti più avanti di quanto non abbia fatto lui".*

☐ *"Alcune cose potrebbero andare storte. Altre potrebbero funzionare. Le potete trovare entrambe là fuori. Se cercate le cose che potrebbero andare storte, le trovate. Avete semplicemente guardato nel mucchio sbagliato! Cercate ciò che funziona -*

troverete anche quello".

☐ "Se siete seri, siete bloccati. L'umorismo è la via più rapida per invertire questo processo. Se potete ridere di una cosa, potete anche cambiarla".

☐ "Quando gli esseri umani imparano a ridere dei loro problemi, vuol dire che sono in grado di fare qualcosa a questo proposito".

☐ "Coloro che vivono felici non "hanno" delle relazioni. Essi danno vita, invece, a un processo costante e in continua evoluzione; sanno che, per poter prosperare, il loro porsi in relazione con i propri cari, con gli amici, i colleghi e i semplici conoscenti ha bisogno di uno scambio dinamico di affetti e attenzioni. Queste persone si prendono cura di ogni rapporto, indistintamente. Anche nell'incontrare una persona per la prima volta, sono aperte alla possibilità che questo sconosciuto possa un giorno diventare un compagno di viaggio e, perché no, un amico".

☐ "Quando di fronte a un essere umano fate un'affermazione o una domanda, questi vi darà sempre una risposta non-verbale, che sia in grado di esprimerla anche coscientemente oppure no".

☐ "Abbiamo costruito un mondo in cui le differenze sembrano pericolose e le somiglianze essenziali".

☐ "Gli ottimisti creano e alimentano le proprie aspettative e queste aspettative, sono un fattore chiave per produrre il cambiamento".

☐ "Le persone hanno tutte le risorse di cui hanno

bisogno ma le hanno a livello inconscio, tutto ciò che dobbiamo fare è renderle disponibili dove servono".

- *"I computer danno esattamente quello che gli è stato immesso; se futilità immettiamo, futilità otterremo, ma gli uomini non sono molto diversi".*

- *"Le vostre convinzioni sono in grado di intrappolarvi o di rendervi liberi. Ciò di cui siete convinti determinerà cosa decidete di fare".*

E voi, ci credete sul serio?

5. Le 22 immutabili leggi del Marketing

"Non scrivere mai un annuncio che non vorresti la tua famiglia leggesse.
Se non menti a tua moglie, non puoi mentire alla mia".

(David Ogilvy)

5.1 Il Marketing del Cacciatore ed il Marketing dell'attrazione.

"Fare promesse e mantenerle è un bel modo per costruire un brand"

(Seth Godi)

Se state leggendo questo libro è perchè desiderate diventare dei venditori unici nel loro genere: spigliati, capaci di far fronte ad ogni difficoltà, preparati e sicuri di agire con spiccata determinazione nella vita professionale e, perchè no, privata.

Sappiamo ormai che la **Programmazione Neuro Linguistica è una disciplina che è in grado di modificare ogni aspetto della propria vita** e che, una volta che ti avvicinerai a questa, sarà inevitabile che tutto cambi in meglio!
Migliorerà la tua prestazione lavorativa e saprai mettere in rilievo le tue spiccate doti, le stesse che non pensavi di avere prima ancora di avvicinarti al mondo della PNL.
Tutto questo perchè ti sarai riscoperto... Avrai fatto

chiarezza dentro di te ed avrai imparato ad esaltare le tue qualità anzichè offuscarle a causa dei tuoi stessi comportamenti, il più delle volte negativi.

La Programmazione Neuro Linguistica ti dà il giusto stimolo verso il cambiamento: non è una semplice disciplina che studi e tale apprendimento rimane, poi, fine a se stesso. No! La PNL entra a far parte dei meccanismi del tuo quotidiano, senza mollarti un attimo.

Grazie alla Programmazione Neuro Linguistica sarai sempre alla costante ricerca di stimoli e, più il tuo approccio nei confronti del lavoro sarà positivo, e più il positivo, a sua volta, verrà a cercarti.

Basta volerlo. Libero dai condizionamenti mentali che tu stesso ti sei creato nel corso della tua esistenza volgerai lo sguardo verso orizzonti nuovi, migliori, verso orizzonti infiniti.

Il tuo lato umano cambierà (se sei una persona un pò scontrosetta, spero non ti offenderai sentendo questa parolina, prova a sorridere un pò di più e vedrai che benefici immediati ne trarrà il tuo umore!); così come cambierà il tuo lato professionale *(ricorda: positività attrae positività, negatività attrae negatività)*. Saprai destreggiarti con passione nel vasto panorama del mondo del mercato, cercando con coraggio, determinazione, astuzia e forza d'animo di restare sempre a galla.

Ci siamo soffermati molto sull'aspetto della Programmazione Neuro Linguistica improntata sul cambiamento personale, sulla capacità di modificare gli assetti mentali e linguistici *che caratterizzano "la realtà propria" , la sfera intimamente privata, soggettiva di ogni individuo.*

Ora però, passiamo ad un argomento altrettanto importante affinchè tu possa apprendere come muoverti all'interno del

tuo settore (in piena autonomia) e svolgere al meglio il tuo mestiere,
Perchè se è pur vero che il cambiamento personale non tarderà ad arrivare, dobbiamo sapere con esattezza verso quale realtà ci orientiamo.
Per questo vorrei che tu, adesso, dopo aver appreso le basi della Programmazione Neuro Linguistica imparassi (bene) alcune regole del Marketing.

Per quale motivo? Ma è ovvio! *Sei un venditore e devi sapere come gira dalle tue parti!*
Ricordati sempre, però, che nel Marketing conta la Credibilità!

Le regole che manovrano il mondo del mercato saranno il tuo pane quotidiano perciò dovrai conoscerle bene. Quindi... Evidenziatore alla mano, e pronto per l'immersione spietata. Se la tua memoria vacilla ti consiglio di annotarle su un foglio di carta e ti portarle sempre con te, (nel portafoglio, in macchina, nel taschino della giacca; e quando qualcosa non ti convince, in merito ad una proposta o ad una semplice analisi di mercato...Giù di fogliettino, per rinfrescare la memoria. Vedrai come ti sarà utile, da qui a breve).

Bene. Prima di far riferimento ad alcune specifiche citazioni sul Marketing, *devi sapere che esistono prevalentemente due categorie di venditori che agiscono all'interno di questo mondo*: parliamo della *categoria dei venditori che appartengono al mondo del Marketing dell'attrazione* e della *categoria dei venditori che appartengono al mondo del Marketing del cacciatore.*

E tu, ti sei mai chiesto a quale delle due appartenessi? Se ancora non ti si è presentata l'occasione di domandartelo, sei sempre in tempo per farlo e per scegliere a quale delle due appartenere.

Il marketer, (il venditore), che appartiene alla seconda categoria è *considerato alla stregua di un cacciatore* ed i suoi clienti (sempre potenziali) sono visti come prede da raggiungere, da agguantare proprio come fanno i leoni con i cervi. In questo caso, al momento della sua analisi di mercato, il marketer sipone delle domande specifiche: "Come posso fare *subito* una nuova vendita?", "A chi devo puntare?", "Come posso scovare (trovare) *subito* un nuovo cliente al quale proporre il mio servizio (o il mio prodotto)?", "Come posso vendere il vendibile?", "Ne voglio di più, come fare?".

Quest'ansia (lasciatemi passare il termine), o meglio questo stato d'animo che lo accompagna pedissequamente, genera nel venditore il desiderio (talvolta esagerato) di concludere quanto più in fretta possibile un affare, dimenticandosi però che il cliente quest'ansia la percepisce; la conseguenza può essere prevalentemente una: che il cliente, sentendosi mettere alle strette, con le spalle al muro, fugga a gambe levate.

Come abbiamo visto, l'atteggiamento assunto dal marketer cacciatore non sempre produce gli effetti da lui desiderati; egli sviluppa strategie e tecniche di vendita un po' arcaica, se così possiamo definirle, ed inoltre (come abbiamo già più volte sottolineato) i suoi atteggiamenti invadenti tendono a produrre notevoli resistenze da parte del cliente potenziale. *Quest'ultimo si sente letteralmente braccato dalle sue proposte, si sente soffocato e tenderà a difendersi* (anche solo semplicemente producendo obiezioni), *proprio come avviene in una comune scena di caccia. E' il gioco delle parti: della preda e del predatore.*

Perciò, ti sconsiglio (vivamente) di scegliere la categoria dei venditori che appartengono al mondo del Marketing del cacciatore. Ti inviterei a tendere, invece, alla categoria che appartiene al mondo del Marketing dell'attrazione.

=> *Non c'è modo migliore di entrare nel mondo del Marketing (e soprattutto di fare Marketing) se non sfruttando la naturale forza di attrazione che le persone hanno per le cose di cui hanno realmente bisogno.* E ripeto, per le cose di cui hanno realmente bisogno.

Ci tengo a ricordarti che il fascino o le speciali qualità che attirano le persone verso qualcosa costituiscono ciò che esercita ogni forma di attrazione. L'attrazione può essere sia una forma fisica, sia una forma psicologica ma, in entrambe i casi, ha una forza propulsiva che può esaurirsi, per questo è importante imparare a gestirla al meglio delle proprie possibilità.

"Il tuo atteggiamento mentale dà alla tua intera personalità un potere d'attrazione che attrae le circostanze, le cose e la gente a cui pensi di più!"
(Napoleon Hill)

Questa citazione è un pò il filo rosso conduttore di tutto; spiega perfettamente il ruolo che svolge la la Programmazione Neuro Linguistica nella nostra vita. Se cambi atteggiamento mentale, tutto intorno a te cambia; se l'atteggiamento sarà positivo otterrai, in risposta tanta positività, differentemente, le cose non andranno per il verso giusto (la negatività attira la negatività).

Come vedi, a pensarci, facciamo tutti parte di un insieme che trova un ordine logico all'interno di un sistema; per questo è sempre indispensabile comprendere (o almeno provarci) verso quale direzione tendiamo.

La credibilità non è qualcosa che si acquisisce per sempre. Va alimentata tutti i giorni.
(Fabrizio Saccomani)

Ricapitolando brevemente, per avere successo e migliorare la propria vita:

=> *alla base di tutto devono esistere quattro condizioni: CONVINZIONE, OTTIMISMO, FIDUCIA, MOTIVAZIONE;*

=> *questi quattro elementi sovracitati ci permettono di avere una visione chiara del chi siamo, del cosa desideriamo per la nostra vita, del cosa vogliamo che cambi radicalmente in noi;*

=> *a questo punto si dà il via alla Programmazione degli schemi mentali (ma prima alla Programmazione del linguaggio verbale e non verbale);*

=> *si attua il Cambiamento nel comportamento e nel linguaggio;*

=> *se ne ottiene solo Positività;*

=> *la Positività genera il Miglioramento della vita professionale e della vita privata;*

=> *questa nuova luce di Positività che ci invade produce la forza dell'ATTRAZIONE (i nostri clienti): noi tendiamo verso di loro e loro tenderanno, da quel momento in poi, verso di noi.*

5.2 Alcune definizioni di Marketing.

Abbiamo messo in evidenza, a proposito di questa

rapidissima spiegazione teorica sul Marketing, l'esistenza di due categorie di venditori che agiscono all'interno del proprio settore, la categoria dei venditori che appartengono al mondo del Marketing dell'attrazione e la categoria dei venditori che appartengono al mondo del Marketing del cacciatore.

Ma cosa si intende per Marketing? Vediamone subito alcune delle nozioni teoriche più famose.

Il Marketing è una disciplina, o meglio è un ramo dell'economia che si occupa dello studio e della descrizione di uno mercato di riferimento ed, in generale, si occupa dell'analisi dell'interazione fra il mercato e gli utenti di una certa impresa.

Il termine Marketing deriva da market al quale viene aggiunta la desinenza del gerundio per indicarne la partecipazione attiva, ovvero l'azione sul mercato stesso da parte delle imprese.

Diverse sono le definizioni delle quali disponiamo oggi a proposito del Marketing. Questa distinzione si determina in base al ruolo che svolge l'impresa ed all'obiettivo di posizionamento, di un dato panorama, che questa ha in relazione ai competitors.

L'impresa si contraddistingue così, in questo vasto panorama, in rapporto al ruolo strategico che decide di svolgere ed al posizionamento che ottiene all'interno del suo specifico ambito (competitivo) di mercato.

La definizione principale di Marketing ci viene data da Philip Kotler noto a tutti per essere il padre dei più recenti sviluppi (in merito alla materia) a seguito dei suoi lavori pubblicati dal 1967 al 2009.

Il Marketing viene definito come quel processo sociale e manageriale volto a soddisfare i bisogni e le esigenze attraverso specifici processi di creazione e scambio di prodotto e valori. È una disciplina che si contraddistingue per la sua abilità d'individuare, creare e fornire valore maggiore al fine di soddisfare le esigenze di un mercato di riferimento, realizzando un profitto: *delivery of satisfaction at a price.*

Sostanzialmente, vengono riconosciuti tre tipi di Marketing:

☐ *"il Marketing analitico"*, ovvero lo studio del mercato, della clientela, dei concorrenti e della propria realtà aziendale in relazione al suo specifico contesto socio-culturale;

☐ *"il Marketing strategico"*, ovvero è un'attività di pianificazione, tradotta in sostanza da un'impresa al fine di ottenere, pur privilegiando il cliente, la sua fidelizzazione e la collaborazione da parte di tutti gli attori del mercato, sempre in relazione al suo specifico contesto socio-culturale;

☐ *"il Marketing operativo"*, ovvero quel tipo di Marketing in grado di attingere, invece, a tutte quelle scelte che l'azienda pone in essere per raggiungere un obiettivo all'interno di una strategia, sempre in relazione al suo specifico contesto socio - culturale.

«Il Marketing: è il processo di produzione, promozione, distribuzione (punto vendita) e determinazione del prezzo di beni, servizi o idee al fine di porre relazioni soddisfacenti con il cliente in un ambiente dinamico.»
(William Pride e O.C. Ferrel e la loro definizione generica di Marketing)

Nel 1985, l'AMA Board, dava questa definizione sul Marketing al fine di specificarne le caratteristiche: *«It's the process of planning and executing the conception, pricing, promotion and distribution of ideas, goods and services to create exchanges and satisfy individual and organizational objectives»*, («E' il processo di organizzazione e di esecuzione del concepimento, della politica dei prezzi, delle attività promozionali e della distribuzione di idee, beni e servizi per creare scambi commerciali e soddisfare gli obiettivi degli individui e delle organizzazioni»).

Questa visione è quella che più si avvicina all'idea che comunemente si ha del Marketing inteso come il processo della distribuzione di idee, beni e servizi per creare scambi commerciali e soddisfare gli obiettivi degli individui e delle singole o pubbliche organizzazioni.

Una definizione simile a proposito del Marketing che troviamo è la seguente: *«Marketing is the activity, set of institutions, and processes for creating, communicating, delivering, and exchanging offerings that have value for customers, clients, partners, and society at large»*, («Il Marketing è l'attività, l'insieme di istituzioni e processi per creare, comunicare, offrire e scambiare le offerte che hanno valore per i consumatori, clienti, partner, e la società in generale»).

E' l'insieme delle attività che mirano a influenzare una scelta del consumatore.

Negli ultimi anni il Marketing ha iniziato invece ad abbandonare la prospettiva transazionale per concentrarsi maggiormente sull'ottica del marketing relazionale. L'AMA ha ridefinito ulteriormente il concetto di Marketing nel luglio del 2013, dopo aver notato che questa disciplina si sta spostando costantemente verso nuovi orizzonti.

Così la descrizione (riformulata) del Marketing è la seguente *«E' una funzione organizzativa ed un insieme di processi volti a creare, comunicare e trasmettere un valore ai clienti, ed a gestire i rapporti con essi in modo che diano benefici all'impresa ed ai suoi portatori di interesse.»*

Il fine ultimo del Marketing mira alla creazione del valore per il cliente ed infatti uno dei suoi scopi principali è di creare un posizionamento della marca (brand) nella mente del consumatore attraverso tecniche di brand management.

Le ultime tendenze sono volte allo studio del **Marketing esperienziale** che abbraccia la visione del consumo come esperienza in cui il processo di acquisto si fonde con gli stimoli percettivi, sensoriali ed emozionali.

Esiste oggi un ramo del **Marketing chiamato Management** che consiste nell'analizzare, nel programmare, nel realizzare e nel controllare progetti volti all'attuazione di scambi con mercati-obiettivo per realizzare obiettivi aziendali. Esso mira soprattutto ad adeguare l'offerta di prodotti o servizi ai bisogni ed alle esigenze dei mercati-obiettivo ed all'uso efficace delle tecniche di determinazione del prezzo, della comunicazione e della distribuzione per informare, motivare e servire il mercato.

Questa attività di Marketing Manageriale pertanto può fungere da "interfaccia" tra l'impresa e il contesto esterno (insieme al settore vendite, import/export, pubbliche relazioni e altri), osservandone il comportamento e presidiando, almeno in parte, i flussi informativi uscenti dall'impresa (voluti o non voluti), e incrementando le conoscenze provenienti dall'esterno; tra queste sono compresi i deboli segnali che consentono di comprendere, possibilmente in tempo utile, le modifiche al mercato che si realizzeranno in un prossimo futuro.

Sono da citare, oltre al Marketing Management, anche il **Marketing dei Servizi** (compagnie aeree, catene alberghiere, ecc.) ed il **Marketing Istituzionale** (fatto cioè da istituzioni).

Di significato meno economico è il **Marketing Politico**, così come quello che le aziende riservano ai propri dipendenti e che viene comunemente definito, sebbene impropriamente, marketing B2E (business to employee, "da impresa a dipendente").

Cosa hanno in comune le diverse tipologie di Marketing sovracitate?

Ovviamente i clienti, gli studenti o i pazienti sono il loro punto in comune; ogni strategia di comunicazione è finalizzata alla vendita di un prodotto, di un servizio o si vendono entrambi.

Fare in modo di attrarre i clienti e condurli a sè è l'obiettivo ultimo del Marketing; e sappiamo che non ci sono altri modi di interazione se non quelli che rispettono una legge di attrazione: attrarre nuovi clienti per stare in piedi è fondamentale.

La vendita professionale necessita di un metodo che si basa sulla comunicazione efficace e persuasiva, in grado di soddisfare tutte quelle condizioni necessarie per chiudere contratti con i clienti (nuovi) e mantenere i clienti che già si hanno (vecchi).

Ma vediamo più da vicino chi sono i destinatari per i quali creiamo le diverse strategie di Marketing?

Il Marketing può rivolgersi sia ai consumatori, ed in questo caso si parla di **Marketing B2C**, *(business to consumer, "dall'impresa al consumatore"),* spesso definito semplicemente Marketing; oppure, può rivolgersi al mercato delle imprese, e in questo caso prende il nome di Marketing industriale o **Marketing B2B**, *(business to business, "da impresa a impresa").*

In ambito sanitario in senso lato, con l'espressione *diseasemongering si indica l'utilizzo di particolari strategie di Marketing, finalizzate all'introduzione di un protocollo terapeutico o nuove procedure diagnostico/terapeutiche o di un farmaco già pronto o prossimo all'immissione in commercio*. Ciò attraverso una opportuna campagna di sensibilizzazione finalizzata all'introduzione di quadri clinici non strettamente patologici, per indurre il consumatore e/o paziente alla ricerca di una soluzione alle sue "presunte" malattie, che lo rendono comunque sofferente, allo scopo di generare nuovi mercati di potenziali pazienti.

I soggetti che normalmente beneficiano dall'utilizzo di queste strategie sono le aziende farmaceutiche, i medici e le loro organizzazioni professionali e quelle dei consumatori, gli oggetti di queste strategie sono i consumatori, gruppi particolari di pazienti o intere classi sociali.

L'analisi della posizione competitiva, che ogni azienda fa, dovrebbe essere diffusa nella direzione delle varie funzioni, ma spesso è lasciata al Marketing tradizionale che utilizza modelli come le "5 forze di Porter" (teorizzate dal docente universitario statunitense Michael Porter), modelli analitici come la matrice del Boston Consulting Group o le 7S della McKinsey, le ricerche ed indagini di mercato e le segmentazioni del mercato.

Cercando di entrare ancora più nel dettaglio a proposito dei destinatari verso i quali creiamo campagne di comunicazione strategiche possiamo affermare che, i diversi business possono differire in termini di vendita perchè hanno:

(a) i *clienti immobili, ovvero, sono io che vado dal cliente* (qui il focus è diverso, non il business); sono facili da individuare (li troviamo ad esempio nei bar, dal parrucchiere, ecc), così facendo io venditore vendo a categorie specifiche che sono facili da raggiungere, non è necessario essere esperti di direct marketing.

Ho la categoria e so chi sono ma, io li trovo facilmente come li trovano i miei concorrenti. Questo è lo svantaggio reale. Molto probabilmente i nostri clienti immobili hanno già prodotti della concorrenza. Perciò, devo acquisire delle competenze fondamentali, devo specializzarmi il prima possible per usare al meglio le tecniche del Marketing. *Io devo essere in grado di convincere, devo essere credibile.*

(b) *I clienti sfuggenti, che è difficile capire chi sono.* Non abbiamo una lista precisa di questi clienti, tutti possono essere nostri clienti potenziali in un oceano infinito di clientela. *A questo punto gioca un ruolo fondamentale la targettizzazione!*

Il cliente target: chi è? Noi creiamo una campagna per raggiungere direttamente i clienti che ci interessano, ovvero quelli che hanno realmente bisogno di noi. Il Focus sarà sull'individuazione del target: "devo sapere a chi devo comunicare in un modo differente, persuasivo, diretto"; *io devo comunicare solo con persone target.*

Ovviamente per comunicare dovrò adoperare il sentimento dell'Empatia, (sviluppare una sensibilità empatica non è per niente facile, significa mettere in secondo piano i nostri stati d'animo per cercare di comprendere a fondo quelli degli altri.

Quindi anche se il tuo cliente paleserà delle abitudini che non ti piaceranno, non dovrai giudicarlo ma cercare di metterti nei suoi panni!

5.2 Le 22 immutabili leggi del Marketing.

"La credibilità è quello che dicono di voi

(persona, azienda o prodotto poco importa) quando siete assenti".

(Jeff Bezos)

Esiste una legge di attrazione ed esistono delle legge del Marketing, immutabili ed indiscutibili che se deciderete di ignorare saranno il vostro rischio ed il vostro pericolo. *Sembra assurdo ma queste regole, se studiate attentamente, potranno salvare la vostra carriera professionale perchè chi le ha stilate si è ispirato a quei criteri di razionalità e buon senso che, a lungo andare, il mercato premia sempre.*

Parliamoci chiaro: il mercato è pieno di insidie, e lo sappiamo. E il marketing è una materia molto complessa, spesso ostica; è una materia in continua evoluzione, perché la società cambia rapidamente e imprevedibilmente, com'è ben visibile agli occhi di tutti.

Ormai le aziende - dalle multinazionali alle piccole imprese, fino alle attività commerciali a conduzione familiare - non possono più permettersi di sbagliare. Ma è possibile evitare o almeno ridurre al minimo gli errori? Per oltre trent'anni due autori hanno studiato cosa funziona e cosa no all'interno del grande mondo imprenditoriale, sino a dedurne alcune leggi, considerate oggi come universali.

Attraverso l'analisi delle strategie di grandi aziende - IBM, Coca-Cola, McDonald's, Sony, BMW, Apple, DHL, ed altre - e del tasso di successo e fallimento dei nuovi prodotti, questi *due grandi personaggi hanno elaborato 22 principi universalmente validi*: dalla legge della leadership a quella dell'esclusività, dalla legge dell'imprevedibilità a quella della montatura pubblicitaria, (per citarne solo alcune).

Preso atto della consapevolezza che tutti noi possiamo imparare ad attrarre ciò che desideriamo seguendo delle specifiche tecniche verbali (e non); *preso atto del fatto che la*

Programmazione Neuro Linguistica applicata alle vendite è in grado di apportare dei vantaggi notevoli alla tua vita professionale ed, infine, *preso atto che la credibilità sarà l'arma vincente per te,* devi sapere ora che esitono delle leggi universali dalle quali non potrai mai sottrarti, se vorrai fare carriera sul serio.

E' indiscutibile che il Marketing segua delle strategie attentamente pianificate dai singoli leader del settore ma, devi sapere, che lo stesso Marketing è pianificato, da loro, tenendo conto proprio di queste leggi che saranno sempre invariabili nel tempo (e che anche tu dovrai ricordare!).

Al Ries e Jack Trout sono i due massimi esperti di Marketing a livello mondiale, (i due hanno scritto libri che sono diventati capisaldi del Marketing e del Business) che partendo dallo studio di aziende di successo hanno distillato *queste famose 22 immutabili leggi del Marketing*; immutabili proprio perchè prescindono dal tempo e da ogni cambiamento/contesto socio – culturale al quale facciano riferimento.

E' arrivato il momento di scoprire con me quali sono queste *22 immutabili leggi del Marketing*:

1. La **Leadership**.

    Il mondo del Marketing è da considerarsi più una battaglia di percezioni che di prodotti. Infatti, una delle teorie che contraddistingue il Marketing da altre discipline si basa sull'importanza dell'essere primi nel proprio settore: *"è meglio essere primi che essere meglio degli altri".* E' importante arrivare per primi, insomma, per essere dei bravi leader.

    "Chi pensa di guidare gli altri e non ha nessuno che lo segue sta solo facendo una passeggiata" -

scriveva John Maxwell. E' così, dobbiamo cercare di essere tanto bravi al punto da creare dietro di noi una scia di persone che siano interessate a ciò che facciamo e a ciò che diciamo; dobbiamo essere così ambiziosi da fare sì che gli altri vogliano imitarci, che vogliano desiderare di essere noi. Ed è esattamente quello che facciamo noi con il modello che ci siamo scelti all'inizio di questo percorso di cambiamento.

A questo punto, dobbiamo sapere che, al mondo, esistono tre tipologie di leader:

a. *ci sono i leader che ti dicono cosa fare;*

b. *ci sono i leader che ti lasciano fare ciò che vuoi;*

c. *ci sono, infine, i leader "lean", "che vengono da te e ti aiutano a scoprire cosa fare" - John Shook.* Questa è la differenza fra un leader che vale e l'altro che non vale. *"Coloro che vogliono essere leader ma non lo sono dicono le cose. I bravi leader le spiegano. I leader ancora migliori le dimostrano. I grandi leader le ispirano".* Ci sono leader e leader, ma quello che ti permetterà di affermarti all'interno di questo panorama (molto, molto, molto competitivo) sarà la tua abilità di ispirare chi ti segue: *fai in modo che gli altri si ispirino a te e che traggano dai tuoi insegnamenti ispirazione per la loro vita, che si lascino travolgere dalla forza del cambiamento e dal desiderio per il successo.*

"La sfida della leadership è la capacità di riuscire ad essere forte, ma non brutale; gentile, ma non debole; temerario ma non prepotente; riflessivo, ma non pigro; umile, ma non timido; fiero, ma non arrogante; dotato di umorismo; ma senza follia"

(Jim Rohn)

Ma quali sono le caratteristiche che contraddistinguono un leader dalla massa?

Quando parliamo di leadership ci sono tanti fattori da analizzare che hanno a che fare con le idee, ma anche (e soprattutto) con le azioni. Dare una definizione univoca di leader (e di leadership) non è affatto semplice; *possiamo dire che la leadership è l'arte di motivare un gruppo di persone ad agire per raggiungere un obiettivo comune.*

L'essere leader implica sicuramente essere in grado di ispirare gli altri (proprio come ti accennavo poco fa) e di essere sempre pronti a farlo. Per fare questo, ci sono aspetti della propria personalità e ci sono determinate caratteristiche *che trasformano un soggetto in direttore dell'azione.* Secondo Warren Bennis, *la leadership è "la capacità di tradurre la visione in realtà".*

Nello specifico, però, quali sono le abilità e le caratteristiche che deve avere un vero leader affinchè possa ispirare e motivare gli altri? Cosa devi riuscire a dimostrare, da buon venditore, agli occhi dei tuoi clienti? Quale atteggiamento devi assumere per fare in modo che loro scelgano te, e non uno dei tuoi Competitors?

Vedi, mi soffermo un pò di più su questo paragrafetto perchè *ci tengo che tu capisca bene l'importanza che ha il tuo modo di porti. Non è un concetto banale, è quel quid che fa la differenza.* Non è uno scherzo o un argomento da prendere poco seriamente. Tu devi sentirti un vero leader nella tua professione, e lo devi dimostrare quotidianamente, senza scuse.

"Cos'è la credibilità? La credibilità è la probabilità di essere creduti".

(Guido Gili)

Tieni a mente questi aggettivi quando proverai a descriverti:

=> *POSITIVO!*

=> *AFFIDABILE!*

=> *SICURO DI TE STESSO!*

=> *CREDIBILE!*

Leadership non è sinonimo di gestione: questi due concetti non sono affatto dei sinonimi.

Un buon manager non è detto che sia un leader, infatti i manager riescono a gestire progetti/prsonale/clienti, a monitorare l'andamento del lavoro, a coordinare il team, a risolvere i problemi, ad assumere personale, talvolta a licenziare. **Possiamo dire che la vera differenza fra un manager ed un leader è che: i manager gestiscono le cose ma i leader guidano le persone. E non si diventa leader per anzianità ma, solo ed esclusivamente, per abilità.**

Che in un'azienda un manager ci sia da più tempo o che abbia più esperienza di un nuovo assunto non vuol dire assolutamente nulla, non per questo quel manager ha il diritto di divenire un leader nel suo settore di competenza. **Non si diventa leader automaticamente.** Possono esistere, all'interno della propria azienda, dei dirigenti senior, ma non è affatto detto che questi siano dei leader e che sappiano gestire le persone.

Ed ancora, ci tengo a precisare, che *leadership non è*

105

avere un titolo: non esiste nessuna laurea che ti insegni come diventare un leader.

Se vuoi essere un buon leader devi sfruttare al massimo le tue potenzialità e quelle qualità che ognuno di noi ha: vai ad affinare qualche caratteristica specifica e su questa lavora per migliorare te stesso e la tua efficienza.

=> **QUI TORNA AD ENTRARE IN GIOCO LA PROGRAMMAZIONE NEURO LINGUISTICA:** *sfrutta al massimo le tue potenzialità e quelle qualità che ognuno di noi ha e smussa quegli aspetti che caratterizzano il tuo comportamento o il tuo linguaggio che ti danneggiano.*

Cosa ti invita a riprogrammare la PNL in questo caso? Sicuramente ti sprona ad essere

=> *POSITIVO!*

=> *AFFIDABILE!*

=> *SICURO DI TE STESSO!*

=> *CREDIBILE!*

La Programmazione Neuro Linguistica ci ha dato la speranza di poter cambiare; ora, noi sappiamo che dobbiamo (prima di tutto) essere dei venditori **positivi, affidabili, sicuri di sè e credibili.** Ma se vogliamo diventare dei veri leader nel settore delle vendite, nello specifico, che tecniche di linguaggio e di comportamento dobbiamo adoperare per esserlo?

Da buon leader:

=> devi essere in grado di spiegare **in modo chiaro e sintetico** ai dipendenti/clienti obiettivi SMART e/o necessità organizzative di qualunque entità. Non andare per le lunghe, le persone non sempre hanno una soglia di concentrazione massima.

=> I leader devono **padroneggiare tutte le forme di comunicazione**, comprese le conversazioni individuali con i clienti (e non solo) nonché le comunicazioni tramite telefono, e-mail e social media. Sei tu che sai cosa vogliono e come accontentarli, non filtrare i colloqui con loro inserendo terze persone; *fai in modo di rassicurarli sempre sulla tua presenza in qualunque momento.*

=> I leader devono essere in grado di gestire la comunicazione tra loro e il loro personale o membri del team, *"sia attraverso una politica della "porta aperta" o conversazioni regolari con i lavoratori".*

=> Abbiamo più volte citato la **positività**. Un cliente si sente rassicurato alla vista di un venditore ottimista, pronto a mostrarsi empatico nel caso in cui ce ne fosse bisogno; devi essere un venditore carismatico dalla battuta sempre pronta. Così facendo *si instaura fra te ed il tuo cliente una relazione serena dalla quale si possono trarre ottimi vantaggi lavorativi.*

=> *Sfoggia la tua creatività, il tuo estro.* Il leader si trova spesso nella situazione di dover far fronte a delle richieste improvvise (inaspettate) del cliente per le quali avere una risposta pronta/chiara/univoca diventa difficile. In queste situazioni, il bravo venditore non deve lasciar palesere la sua difficoltà (non toccare mai i capelli, il naso! Sono tipici segnali di imbarazzo!) di gestione ma, al contrario, deve sfoggiare la sua creatività e pensare (a 360°) a come risolverla. *Non sempre a tutto c'è una risposta lineare, perciò ti toccherà sfoggiare il tuo estro!*

=> *Devi essere flessibile. Anche se so che a volte ti*

sembrerà davvero difficile.

=> *Devi essere una persona affidabile.* Essere affidabile è la carta vincente per essere un leader; devi essere convincente, attrarre il cliente verso di te e fare in modo che se ne innamori (in un certo senso), *devi essere un motivo valido che incentivi all'acquisto per intenderci!* I clienti devono essere in grado di sentirsi a proprio agio comunicandoti le loro perplessità, ponendoti dei dubbi inerenti a ciò che intendono acquistare. Se non sei una persona affidabile e non godi di tale reputazione, sarà tutto inutile.

"Dico sempre alle persone che hanno diritto a ottenere risposte a ogni domanda che hanno. Ciò non significa che gradiranno le risposte. Ma sarò sincero e so che possono affrontare la verità, che potrebbe creare ulteriori domande, ma le supereremo"

(Ray Davis, CEO di Umpqua Bank)

La tua onestà intellettuale e la tua integrità morale sono caratteristiche imprescindibili per fare in modo che gli altri scelgano te, per primo!Ricorda: "è meglio essere primi che essere meglio degli altri".

Continuiamo con il nostro elenco a proposito dell 22 immutabili leggi del Marketing:

2. La **Categoria.** *Se non puoi essere il primo in una categoria specifica, allora non ti resta che inventane una!* Già, proprio così! Inventarne una! Cerca di apparire il più specializzato possibile in quello che fai

perchè le persone amano la specializzazione e, di conseguenza, ti percepiranno come il più adatto, fra tutti, alle loro esigenze. *Dobbiamo dominare la categoria che inventiamo e pensare seriamente in quale categoria poter essere primi!*

3. **La Mente.** Essere primi nella mente di un nostro potenziale cliente è estremamente importante; conta più esserlo nella loro mente che essere i primi sul mercato; *non sempre chi è primo ha il diritto di essere il migliore,* come abbiamo visto, in questa professione, entrano in gioco molteplici qualità mixate alla capacità di sapersi vendere e di sapersi posizionare all'interno del proprio mercato di riferimento.

4. La **Percezione.** *Il Marketing è una battaglia di percezione, come abbiamo detto prima, non di prodotti.* Facciamo un esempio. *Non conta la qualità oggettiva del prodotto ma la percezione che di questo si ha.* Ripeto, molte volte non è la qualità del prodotto che trova spazio nella mente di chi lo acquista, ma è la percezione che il cliente ne ha al momento dell'acquisto. Prendiamo, ad esempio, la Nutella e mettiamola a confronto con qualsiasi altra crema spalmabile; non è detto che la Nutella sia più buona, esistono creme spalmabili squisite, eppure nella mente delle persone si crea un'idea. E quell'idea è difficile allontanarla o fare in modo che venga rimpiazzata da un'altra. *Nel marketing la percezione è una parola fondamentale perché è il primo punto sul quale dovresti fondare la tua intera strategia comunicativa!* "La percezione è il processo psichico che opera la sintesi dei dati sensoriali in forme dotate di significato".

5. *La Focalizzazione, è il concetto piu potente nel mondo del Marketing.* Se riesci ad insegnare al tuo

segmento di mercato l'associazione tra il tuo prodotto ed una singola parola, un singolo beneficio, tu sarai il leader di quel mercato! La focalizzazione ti permette di essere lo specialista della categoria, ti consente di sbarazzarti della concorrenza. Ripeto: *il Marketing è possedere una parola nella mente del nostro cliente potenziale, se insegni al segmento di mercato l'associazione tra il tuo prodotto ed una singola parola, tu sarai il leader di quel mercato* (ad esempio, nella mente del cliente il Brand Mercedes è sinonimo di eleganza, Volvo di sicurezza, ecc).

6. **L'Esclusività.** E' chiaro che due aziende devono giocare di esclusività: la loro strategia comunicativa deve tendere a scegliere delle parole specifiche che possano rappresentare il loro prodotto (e la qualità del prodotto) in modo esclusivo! Una Brand di moda si distingue da un altro per avere delle determinate caratteristiche e, di conseguenza, sceglie *un aggettivo esclusivo con il quale posizionarsi all'interno del mercato*. Due Brand di moda non possono utilizzare la stessa parola perchè, nella mente del cliente, questo crea solo della confusione. *Ricorda: due aziende non possono possedere la stessa parola nella mente del potenziale cliente.*

7. La **Scala.** *La strategia da adottare dipende da quale piolo della scala occupi*, se siamo secondi a qualcuno, dobbiamo usare una strategia diversa (siamo secondi? Non importa, non molliamo e, al contrario, creiam una strategia di marketing diversa, ad hoc, modellandola trasportando l'ottica da negativa a positiva).

8. La **Dualità.** "A lungo andare ogni mercato diventa una corsa a due cavalli" (prendiamo l'esempio dei colossi McDonald's vs Burger King, o Hertz vs Avis, ecc...), questo vuol dire che, anche se riesci ad essere

il primo in una categoria, inevitabilmente nel corso del tempo altri brand compariranno per scansarti dalla posizione di dominio, quindi bisogna trovare il modo di entrare in quello mercato di riferimento e provare a fare la differenza.

9. L'**Opposto**. *"Se ti batti per il secondo posto la tua strategia è dettata dal leader"*, ovvero dovrai trovare delle strategie contrarie alle strategie che il tuo avversario sta adoperando (esempio: Coca Cola ha 100 anni di storia, la Pepsi è per le nuove generazioni!).

10. La **Divisione**. *"Il Marketing può essere visto come un mare di categorie in continua espansione, non c'è mai fine"*. Le categorie sono infinite, possono svilupparsi continuamente.

11. La **Prospettiva**. *"Ggli effetti del Marketing si fanno sentire nell'arco di un tempo prolungato, gli effetti a lungo termine spesso sono contrari a quelli di breve termine"* (ne è unesempio la strategia dei saldi, ovvero, se io li abituo ad acquistare ad un prezzo più basso probabilmente guadegnerò lì per lì di più, ma tramite le mie politiche commerciali li abituerò a comprare da me solo con i saldi). *Quindi pazienta all'inizio e poi godi degli effetti in futuro!*

12. L'**Estensione**. *"C'è una pressione irresistibile ad estendere il patrimonio di un marca"*, quando cerchi di essere tutto per tutti finisci INEVITABILMENTE nei guai (un esempio ne è il ristorante di pesce che propone, all'interno del Menù, le pizze per accontentare tutti). *Se vuoi essere tutto, rischi di diventare niente. Meglio essere forte in qualcosa che debole in tutto!*

13. Il **Sacrificio**. *"Bisogna rinunciare a qualcosa per avere qualcosa"*: da sacrificare sono i *prodotti* (si

deve restringere il proprio campo ed essere specializzati), il *target* (inutile voler essere tutto per tutti) ed i *cambiamenti* (cambia solo ciò che non funziona, non tutto).

14. Gli *Attributi*. *"Per ogni attributo ne esiste uno contrario ed efficace"* (prendiamo sempre l'esempio della Coca Cola che indica la tradizione e della Pepsi che indica, invece, la New Generation, sono concetti antitetici che servono molto a distinguere dal punto di vista di Marketing).

15. La **Sincerità**. *"Se ammetti una qualità negativa il potenziale cliente te ne riconosce una positiva"*. Uno dei modi più efficaci per entrare nella loro testa del potenziale cliente è prima ammettere un fatto negativo per trasformarlo, poi, in uno positivo. *Nulla è più complicato della sincerità.*

16. La **Singolarità**. *"In ogni situazione solo una mossa produce risultati sostanziali"*. Puoi fare tante azioni di Marketing ma sarà solo un'azione specifica a fare la differenza. *Il Marketing è una guerra, fare leva sul punto debole del Competitor è la mossa strategica ed efficace che ti darà la svolta.*

17. L'**Imprevedibilità**. *"A meno che non scrivi i piani dei tuoi concorrenti non puoi prevedere il futuro"*, non puoi prevedere che prodotti o servizi lanceranno loro sul mercato o puoi modellare la tua strategia sulla loro.

18. Il **Successo**. *"Porta all'arraganza e l'arroganza al fallimento"*, questo accade quando un'azienda ha avuto molti successi e quindi dei meriti e, spesso, si convince di poterne sapere di più del mercato stesso, di sapere esattamente cosa vogliono le persone, invece, *sono i loro bisogno il punto di partenza.*

19. Il **Fallimento**. *"Il fallimento va messo in conto ed accettato"*, l'obiettivo è di limitare le perdite ed accettare che potrebbe verificarsi.

20. La **Montatura pubblicitaria**. *"La situazione è spesso contraria di come appare sulla stampa"*.

21. L'**Accellerazione**. *"I programmi di successo non sono costruiti su mode passeggere ma sono costruiti sulle tendenze di mercato"*, questo perchè hanno costanza.

22. Le *Risorse*. *"Senza finanziamenti adeguiti una idea non può decollare"* perchè il Marketing è una lotta e questo dobbiamo ricordarlo sempre, quindi *chi ha più risorse vince e vale in tutti i processo del Marketing*.

6. LE PAROLE GIUSTE PER VENDERE (PARTE 1)

"Peggio di chi mente a parole c'è solo chi perde credibilità con i comportamenti".

(Anonimo)

6.1 Ricorda che...!

Nel secondo volume della raccolta sulla Programmazione Neuro Linguistica applicata alle vendite troverai elencate tutte le parole corrette con le quali creare la tua comunicazione strategica e tutte le parole nocive da bandire (categoricamente) dal tuo vocabolario.

Troverai indicati consigli utilissimi per entrare in relazione con il tuo potenziale cliente; ora che sei a metà del tuo percorso occhio a non mollare. Hai appreso fino ad ora nozioni essenziali (perdonami se a volte ho dovuto, per forza di cose, ripetere frasi e concetti o se sono stata noiosa con citazioni teoriche ma era utile per te) che getteranno, sin da subito, nuove basi sulle quali improntare la tua carriera.

Nel prossimo libro scoprirai (nel dettaglio) le parole tecniche da usare ed i comportamenti giusti da avere per diventare un vero professionista della vendita, troverai esempi pratici e facili da ricordare.

Hai dato via al tuo percorso di formazione.

Da domani inizierai ad analizzare ciò che dicono i tuoi clienti e ad intuire cosa pensano.

Per farlo ricordati che devi osservare ciò che lui ti dice con le parole e ciò che ti dice con il linguaggio del corpo. Forse potresti pensare che le persone molto estroverse possono dirti tutto quello che hai bisogno di sentire per la tua attività di vendita, ma devi sempre tenere conto che molte volte, neanche le persone stesse riescono a capire cosa vogliono realmente, non sono capaci di capire cosa desiderano.

Per questo motivo un bravo venditore deve essere in grado non solo di capire i bisogni espliciti del cliente ma, soprattutto, quelli impliciti.

Lascia che l'altro si senta liberi di esprimersi. Ricorda che in quel momento sono due mondi diversi che tentano di interloquire, perciò riuscire a trovare compromessi è una qualità indispensabile per chi vuole diventare un bravo venditore.

Fai sentire sempre il tuo cliente coinvolto. Il cliente va coinvolto nel processo di vendita e devi persuaderlo del fatto che la sua opinione conta, è estremamente importante.

Valorizza sempre i tuoi clienti anche quando sei in completo disaccordo sul loro modo di vivere la vita e sui loro comportamenti. Ricorda che il tuo obiettivo è quello di concludere la vendita perciò non ti dovrebbe assolutamente interessare cosa fa nella vita il tuo cliente!

Riconosci le emozioni e valorizzale. Le tecniche di vendita riescono ad avere un forte impatto sulla vita stessa dei clienti se riescono a far provare loro delle emozioni. La componente emotiva è molto importante nella vendita, gioco un ruolo essenziale, quindi non pensare che la vendita sia solo qualcosa di materiale in cui tu proponi ed il tuo cliente compra: *devi creare una base di relazione.*

Quando un cliente ti esprime le sue emozioni, le sue paure, il suo disinteresse legato a delle specifiche perplessità, devi cercare di comprenderle e di valorizzarle in modo che siano orientate verso la vendita del prodotto.

Perciò, ascoltalo ma rispondi nel modo giusto. Riconoscere le emozioni significa anche riconoscerne la loro legittimità, conferirgli un valore: il cliente ti riconoscerà questo atto di gentilezza. Evita di contraddirlo.

Come imparerai dal secondo volume, esiste un linguaggio del corpo specifico, fatto di piccoli gesti, utili per colpire il cliente. A volte, ad esempio, basta una tretta di mano o anche un regalo, che alcuni venditori fanno per ringraziare i loro clienti della fiducia, a fare la differenza. Questi piccoli gesti contribuiscono a far sentire il cliente importante, e quando una persona si sente a questo modo, cercherà di fare qualcosa all'altezza dell'importanza che gli viene retribuita.

Se si presentano dei problemi, applica tutta la tua creatività ed estrosità per risolverli; fai sentire il tuo cliente al sicuro con te. Ricorda sempre che l'importante è non abbattersi mai e proporre soluzioni alternative; mostra abilità nel Problem Solving, sii fiducioso e positivo.

In alcuni casi ti sarà concesso di parlare di te stesso, ma non sempre!!! A volte raccontare al cliente episodi importanti della nostra vita può essere, per loro, fonte di ispirazione, o può essere anche, per loro, molto gratificante poiché avrai dato l'impressione di fidarti della sua capacità di ascolto: tu hai riposto fiducia in lui proprio come lui fa con te. Anche in questa circostanza il cliente la si sentirà importante per te, si sentirà appagato e tenderà a fare qualcosa all'altezza dell'importanza che gli viene data.

Ricordati di non giudicare mai e poi mai chi hai di fronte! Non aasumere atteggiamenti egocentrici, schizzinosi, arroganti. Sii paziente, ottimista e coinvolgente. Offro loro il tuo valore differenziante!

Focalizzati sulle tue abilità.

Fai capire chi è, fra tutti il migliore, e sii credibile. Portali a dire: "E' lui che voglio!".

Nel prossimo volume ti spiegherò, anche, come migliorare l'acquisizione del tuo target di riferimento, il significato di termini quali: lead page, squeeze page, pagina cattura-nomi, lead magnet, landing page e funnel. Perchè anche se il tuo cliente non avrà la minima idea di cosa significhino perchè non è dentro, come te, nel network marketing, è bene che tu le conosca per avere una formazione completa ed altamente professionale.

Ed ancora parole come: prospecting, reclutamento, sponsorizzazione, downline e upline, ecc.

"Che cos'è la credibilità? Come si fa a essere credibili? Indubbiamente la credibilità si riferisce alla possibilità di essere creduti. Il problema della credibilità nella comunicazione e, in generale, nelle relazioni umane, è quanto mai cruciale e attuale. Praticamente non esiste ambito della vita sociale in cui non entri in gioco il problema della credibilità, a partire dalla relazione genitori – figli, alla comunicazione educativa, al sistema dell'informazione o all'attività politica. Tutti vogliono

essere credibili, ma alla credibilità proiettata non corrisponde sempre una altrettanta credibilità percepita".

(Rosalba Miceli)

Se vuoi essere credibili devi sapere cosa fai.

Perciò sarà importantissimo definire lo stato "Prima" del tuo cliente ideale e scegliere un target mirato che possa esserti davvero utile. Fare Follow up deve essere il tuo focus principale: quando tu impatti con un cliente, non è detto che sia nelle condizioni giuste affinchè vi sia una reale possibilità di sincronizzazione tra te e lui (pur essendo disposti a farlo o volenterosi di farlo).

Probabilmente in quel momento tu non sei prioritario per lui, questo *è lo scontro reale del mondo della vendita.E questo devi saperlo, prima di iniziare.*

Dopo che avrai definito lo stato Prima, passerai alla definizione dello stato "Dopo" del tuo cliente ideale. Il dopo, ovvero ciò che tu fai dopo averlo incontrato, dopo aver concluso la trattativa. *Esiste un prima, esiste un durante, ma c'è anche un dopo.*

Ma del prima, del durante e del dopo ne parleremo in modo dettagliato nel prossimo libro presto in uscita.

Ti consiglio vivamente di fare un'analisi dettagliata prima di entrare in relazione con il tuo cliente. Chiediti:

=> Quali sono i suoi desideri o obiettivi nella vita?

=> Cosa sta cercando di realizzare nel momento in cui io mi interfaccio con lui?

=> Di cosa ha davvero bisogno?

=> Cosa vuole sperimentare?

=> Chi vuole essere?

=> Io sono un valore aggiunto alla sua vita?

Ricordati di definire ogni obiezione che il tuo cliente potrebbe farti!!!

I motivi per i quali potrebbe decidere di NON acquistare il tuo prodotto o servizio potrebbero essere infiniti. Perché qualcuno dovrebbe decidere di NON comprare proprio da TE? Sei credibile abbastanza? Hai l'esperienza giusta che gli garantisca le tue competenze?

E cosa più importante, hai costruito con lui una relazione di fiducia??? Potrebbe addirittura non conoscerti affatto, non sapere niente di te.

Altre obiezioni, in genere, si riducono anche alla mancanza di tempo e di denaro del cliente *perciò cerca di comprendere a fondo perchè questo cliente non vuole proprio te!!!*

Ora dovrai investire del tempo utile per definire l'aspetto del tuo cliente Per farlo, dovrai davvero "immergendoti" nella sua mente.

Chiediamoci "Che cosa vuole veramente fare il nostro cliente ideale", "Quale potrebbe essere la sua volontà?", "Cosa vuole realizzare?"; e quando lo avrai capito prova ad entrare in sintonia con lui immaginando una conversazione con la sua mente.

"Devi metterti esattamente nel punto dove si trova attualmente il tuo cliente ideale, non dove pensi che dovrebbe essere".

Cerca di capire dove sta cercando soluzioni ai sui

problemi o alle sue preoccupazioni, dove trascorre il suo tempo online e offline, a quali eventi partecipa. Cosa ama fare nella vita privata, quali blog segue, quali eventi gli interessano.

Cerca di portarlo verso di te. Cerca di essere il più credibile di tutti.

Il nostro tempo di lettura insieme, per il momento si ferma qui.

Mi piace salutarti (con la speranza di ritrovarti alla prossima uscita) ricordando ancora una volta il tema della credibilità perchè, come avrai notato, è di estrema importanza.

Non solo per la Programmazione Neuro Linguistica, per il Marketing (di qualunque natura esso sia), ma per la vita di ogni persona e per la sua riuscita professionale è un elemento imprescindibile.

Se sei credibile, rischi di ricevere meno obiezioni da parte del cliente.

Se sei credibile tutti ti ascolteranno, osserveranno, ammireranno.

Se sei credibile rischi perfino di vincere, sai?

"La credibilità può basarsi su tre diverse radici.

La prima radice è costituita dalla conoscenza e dalla competenza, cioè dalla qualità (riconosciuta) di esperto.

Il suo prototipo nella cultura occidentale moderna è la credibilità dello scienziato, ma la credibilità basata sulla conoscenza è anche quella dell'insegnante come esperto di una determinata disciplina, del medico come capace di "curare" secondo i dettami della scienza medica, del giornalista quando svolge il suo lavoro secondo le regole dell'accuratezza, della completezza dell'informazione, della verificabilità.

Più in generale è la credibilità della persona "bene informata", che riferisce i fatti perché vi ha assistito o perché ne ha una sicura conoscenza".

(Guido Gili)

www.ingramcontent.com/pod-product-compliance
Lightning Source LLC
Chambersburg PA
CBHW060851220526
45466CB00003B/1320